ACTE II, SCÈNE XIII.

LA CHOUETTE ET LA COLOMBE,

PIÈCE FÉERIE EN TROIS ACTES ET QUINZE TABLEAUX,

par MM. **Paul de Kock et Carmouche,**

MUSIQUE DE M. BÉANCOURT,

REPRÉSENTÉE POUR LA PREMIÈRE FOIS, A PARIS, SUR LE THÉATRE DE LA GAITÉ, LE 9 SEPTEMBRE 1840.

PERSONNAGES.	ACTEURS.	PERSONNAGES.	ACTEURS.
GANACHINI, prince de l'Ile des Lumières.	M. NEUVILLE.	GOGO, singe.	M. MONTERO.
DROMADAIROS, frère de Violentine.	M. HIPPOLYTE REY.	UN CHEF DES GARDES.	M. D'HARCOURT.
FEUILLETÉ, jeune pâtissier, amoureux de Paquerette.	M. FRANCISQUE Jr.	LA FÉE CHOUETTE.	Mlle MÉLANIE.
BOURIQUET, écuyer de Ganachini.	M. CHARLET.	LA FÉE COLOMBE.	Mme AMY.
CRIQUET, garçon pâtissier.	Mme GABRIELLE.	PAQUERETTE, jeune paysanne.	Mlle CLARISSE.
		VIOLENTINE, épouse de Ganachini.	Mlle LÉONTINE.
		GARDES, PAYSANS, NYMPHES, DÉMONS, PATRONETS.	

ACTE PREMIER.

Au lever du rideau on voit le sommet de deux rocs escarpés. Au fond et de côté on n'aperçoit que le ciel. On entend gronder l'orage. Une chouette traverse les airs et vient se percher sur le sommet du roc à droite.

SCENE PREMIERE.
LA CHOUETTE, seule.

Ah! mon Dieu! quel temps! quel orage!... je n'ai pu résister au vent furieux qui m'emportait. Deux mille six cent cinquante-deux toises au-dessus du niveau de la mer! C'est la première fois qu'une chouette s'élève aussi haut... Que vois-je là-bas, dans les airs? c'est cette pauvre colombe!... sans doute elle vient encore de courir le monde pour chercher des amans fidèles.

SCENE II.
LA CHOUETTE, LA COLOMBE.

Une colombe traverse le théâtre et va se percher sur le haut du rocher à gauche.

LA COLOMBE.

Ah! je n'en puis plus!... je n'avais jamais fait tant de chemin! Que... vois-je! la fée chouette!

LA CHOUETTE.

Elle-même, ma sœur... Qui vous amène si haut?

LA COLOMBE.

Un vautour m'a poursuivie, j'ai eu peur, j'ai volé jusqu'ici.

LA CHOUETTE.

Maintenant, si nous voulons nous reposer un

peu, rien ne nous empêche de redevenir femmes : c'est plus commode pour causer.

LA COLOMBE.

Je suis de votre avis.

Musique ; les oiseaux disparaissent, les deux rochers s'ouvrent, il en sort deux fées ; l'une, qui est la fée Chouette, a un costume brillant mais de couleur noire et grise ; l'autre, la fée Colombe, est toute en blanc.

LA CHOUETTE.

Ah! j'ai craint un moment de ne plus pouvoir redevenir femme... et vraiment c'eût été dommage, car cette forme est toujours la plus jolie.

AIR : *Je suis heureux, je suis content.*

Pour subjuguer par ses atours,
Par ses attraits, par ses discours,
Pour les plaisirs, pour les amours,
En femme il faut rester toujours.

Par mon art à la ronde,
Captivant tous les yeux,
Moi, je suis dans le monde
Ce qu'on aime le mieux ;
Tantôt d'un air novice
J'enflamme les amans,
Et puis avec malice
Je ris de leurs tourmens.

Pour subjuguer, etc.

En Europe, en Asie,
On s'émeut à ma voix ;
D'une femme jolie
Partout on suit les lois.
Restons ce que nous sommes,
Car cette forme-là,
Ma sœur, aux yeux des hommes
Toujours l'emportera.

Pour subjuguer par ses atours, etc.

LA COLOMBE.

Oh! moi, je ne suis pas une coquette comme vous... ce que j'aime avant tout, c'est la constance, les amours sincères... enfin je suis la déesse de la fidélité : aussi, vous et vos pareilles, vous avez conspiré contre moi près de la reine des fées, parce que vous étiez jalouses de me voir occuper la première place après elle.

LA CHOUETTE.

Oui, mes sœurs et moi nous avons porté plainte à notre reine, et nous lui avons dit : « Pourquoi cette préférence accordée à la fée Colombe? que fait-elle pour la mériter ?... elle préside aux amours fidèles... belle occupation !... c'est une véritable sinécure... est-ce qu'il y a des amans fidèles ?

LA COLOMBE.

Certainement il y en a... et plus que vous ne pensez, méchante langue.

LA CHOUETTE.

Oui, c'est ce que vous voulez nous faire croire ; mais notre reine, qui ne se paie pas de vos belles paroles, a compris que vous deviez ou redescendre au dernier rang des fées, ou trouver sur terre quelques exemples de cette fidélité fabuleuse à laquelle, pour ma part, je ne crois pas.

LA COLOMBE.

Et j'en trouverai, je l'ai promis.

LA CHOUETTE, *d'un air de doute.*

Promettre et tenir... enfin, ma chère, nous vous attendons ; c'était d'abord une douzaine d'amans bien épris qu'on vous demandait ; puis on a réfléchi que ce serait trop exiger... on se contente de vous demander la paire... voilà tout ! un homme et une femme qui s'aiment constamment... pendant une année... une seule !... ce n'est pas trop.

LA COLOMBE.

Assurément.

LA CHOUETTE.

Eh bien ! c'est plus que vous n'en pourrez trouver ; la preuve, c'est que vous cherchez encore.

LA COLOMBE.

Parce que toutes les nuits vous détruisez mon travail du jour ! quand j'ai découvert un cœur bien tendre, bien aimant, vous arrivez bien vite lui souffler des pensées de coquetterie... vous ne vous plaisez qu'à faire le mal !

LA CHOUETTE.

Je ne m'en défends pas ! c'est mon bonheur à moi ! cette nuit j'ai fait enlever trois femmes, séduire cinq filles, et battre plus de cent personnes. Je ne suis pas la fée Chouette pour rien ! je protége les coureurs de nuit, les envieux, les méchans, et surtout les femmes laides, parce que celles-là n'aiment pas le grand jour.

AIR : *Tout ce que je sais.*

Faire le mal c'est ma folie,
J'ai quelque chose d'un lutin ;
Semer partout la zizanie,
Causer des tourmens, du chagrin,
C'est mon plaisir soir et matin.
Je rends les femmes plus coquettes
Quand ell's ne le sont pas assez,
Puis je fais les maris... chouettes
Et voilà, et voilà tout ce que je sais ;
Troubler les ménages, les fêtes,
Voilà, voilà tout ce que je sais.

LA COLOMBE.

Le joli savoir que vous avez là! mais je vous assure qu'il y a beaucoup d'hommes fidèles... sans que cela paraisse... Tenez, cette nuit j'étais perchée dans un beau jardin, j'ai vu un homme assis dans un bosquet de roses, près d'une jolie femme, qui n'était pas la sienne, et tout-à-coup il s'est sauvé... parce qu'il avait peur d'en devenir amoureux !

LA CHOUETTE.

Ah! mon Dieu ! et dans quel pays avez-vous trouvé cet homme-là ?

LA COLOMBE.

C'était un Iroquois.

LA CHOUETTE.

Vous feriez bien mieux de chercher vos deux amans fidèles.

LA COLOMBE.

Soyez donc tranquille, on les trouvera.

LA CHOUETTE, *se moquant.*
Oui, une fidélité de six semaines.
LA COLOMBE.
J'en ai déjà trouvé une de onze mois.
LA CHOUETTE.
En vérité? mais c'est les trois quarts et demi de ce qu'on vous demande. Un homme et une femme qui s'aiment depuis onze mois!... où sont donc ces deux merveilles?
LA COLOMBE.
Oui, attendez que je vous le dise, pour que vous alliez les déranger dans leur honnête occupation! (*A part.*) Je me garderai bien de lui nommer Paquerette et Feuilleté! quoique je sois sûre d'eux, j'aime mieux ne pas les exposer à la tentation.
LA CHOUETTE, *à part.*
Elle ne se doute pas que depuis quinze jours j'ai découvert sa petite paysanne et son jeune pâtissier, dans les états du seigneur Ganachini. Maintenant toutes mes batteries sont dressées; la femme du prince est coquette et vindicative; leur frère a beau être laid comme un monstre, il est amoureux comme un pigeon; Ganachini est un vieil imbécile, qui fait tout ce que veut sa femme; ils seconderont mes projets.
LA COLOMBE.
Au revoir, ma sœur; dans un mois, mes protégés s'aimeront depuis un an; je vous les présenterai au tribunal de notre reine.
LA CHOUETTE.
Dans un mois.
LA COLOMBE.
J'ai affaire à deux mille lieues d'ici, je vais reprendre mes ailes...
LA CHOUETTE.
Et moi aussi, car j'ai donné rendez-vous à deux hiboux de mes amis... à Paris dans la rue de la Licorne.
LA COLOMBE, *à part.*
Allons retrouver mes jeunes amans.
LA CHOUETTE, *à part.*
Rendons-nous à la cour du prince Ganachini.
ENSEMBLE.
AIR : *Final de Bruno.*
Devenons oiseaux,
Prenons notre plumage!
Sous des cieux plus beaux
Sont des objets nouveaux.
Bravant le danger,
Pour nous quel avantage
De pouvoir changer,
De pouvoir voltiger!
LA COLOMBE, *à part.*
Près de Paquerette
Il faut retourner à l'instant;
Puisse cette jeune fillette
Rester fidèle à son amant;
LA CHOUETTE.
Moi, je vais sur terre
Jouer encor quelque bon tour
Et mettre tout le monde en guerre
Pendant la nuit, pendant le jour.

ENSEMBLE.
Devenons oiseaux, etc., etc.

Après le morceau les deux fées rentrent dans les rochers, qui se referment sur elles. Les oiseaux reparaissent sur le sommet de chaque pic et s'envolent. Ensuite les rochers s'enfoncent, les nuages du fond s'élèvent, et on voit un riche palais, ouvert au fond, un petit trône à gauche.

SCÈNE III.

GANACHINI, GARDES.

Les gardes de Ganachini ont un costume de soldats, mais pour coiffure un bonnet de coton; ils portent un fusil sur un bras, et sur l'autre une serviette comme les garçons limonadiers.

CHŒUR DES GARDES.
AIR : *Cocu, mon père.*

Nous s'rons rossés peut-être,
Le prince, notre maître,
Est comme un forcené
Parc' qu'il n'a pas bien dîné.
GANACHINI, *arrivant, sa serviette à la main.*
Oui, je suis en colère!
J'ai bien de quoi, j'espère!
On sucre mon salmis,
Et l'on brûle mes rôtis!

REPRISE.

Nous s'rons rossés peut-être, etc.

GANACHINI.
C'est pitoyable! c'est abominable!... c'est même très-désagréable! ça n'était pas mangeable; j'ai quitté la table, tout était manqué... tout absolument... mon potage croquait; encore s'il avait été aux croûtons, je ne dirais rien... Je demande des œufs à la coque; quand je veux y enfoncer des mouillettes, qu'est-ce que je trouve dedans? des petits poulets... Depuis que mon épouse Violentine m'a forcé de placer un tas de ses parens dans mes cuisines, ça ne va plus que d'une aile. Cette femme-là abuse du pouvoir que je lui ai laissé prendre sur moi... Quelle idée aussi, moi, Ganachini, prince de l'Ile des Lumières, d'aller épouser une de mes sujettes, une petite fille sans éducation, une *artisane* qui faisait des boutons, pas même des boutons, des queues de boutons que dis-je!... Il est vrai qu'elle a un œil retroussé et un nez fendu en amande... Ah! il n'y a pas trois yeux comme ça dans mes états. Mais madame dîne en ville fort souvent, ça lui est bien égal que mon repas soit manqué. (*Aux Gardes.*) Où est mon grand écuyer tranchant, Bouriquet, le cousin de ma femme?

UN GARDE.
Seigneur, votre écuyer Bouriquet est en train de faire une charlotte; il n'a plus qu'une pomme à faire cuire.

GANACHINI.
Une pomme! une pomme!... Qu'on l'appelle! (*L'apercevant à droite.*) Ah! le voilà!

SCENE IV.

Les Mêmes, BOURIQUET, puis VIOLENTINE.

Bouriquet paraît en costume d'écuyer, un tablier devant lui et tenant une casserole et une cuillère à la main.

GANACHINI.

Bouriquet, avancez un peu devant votre prince : je suis très-mécontent, Bouriquet ; votre service se néglige... Qu'est-ce que tu fais-là ?

BOURIQUET.

C'est une nouvelle sauce.

GANACHINI.

Voyons ça... (*Il goûte.*) C'est pas mauvais... mais il manque quelque chose ; tu n'as pas assez battu... (*Il prend la casserole.*) Tiens, vois-tu ? tu tournes, tu tournes... toujours dans le même sens... Vois-tu, ça commence à prendre ?

VIOLENTINE, *en dehors*.

Mon mari ! où est mon mari ?... je veux lui parler.

GANACHINI, *tremblant*.

Ah ! mon Dieu ! c'est la voix de ma femme !... la princesse semble en colère. Tiens, Bouriquet, reprends ça... (*il lui donne la casserole*) qu'on ne voie pas à quoi je m'occupais... Ah ! et ma serviette ! Mon épouse prétend que je mange trop ; elle m'appelle ventru.

BOURIQUET.

Est-ce que vous n'êtes pas le maître ?

GANACHINI.

Si, si, je sais très-bien que je suis le maître ; mais ma femme est étonnante, elle ne veut pas être la maîtresse.

BOURIQUET.

Ah ! bah !

GANACHINI.

Non ; elle prétend être le maître aussi,... Chut, la voici.

VIOLENTINE.

Air : *Flic, flac*.

Flic, flac, (*bis*.)
Dès qu'à l'improviste
Je forme un désir,
On doit aussitôt l'accomplir.
Flic, flac, (*bis*.)
Si l'on me résiste,
Femme, homme, animal,
Je frappe tout ça m'est égal.
Certes, j'ai l'humeur folâtre,
Et j'aime à m'humaniser ;
Mais parfois je veux me battre,
J'ai besoin de tout briser.

GANACHINI, *à part*.

C'est vrai qu'elle est très-casseuse.

VIOLENTINE.

Oh ! les nerfs ! les nerfs !... (*Regardant les gardes qui sont rangés les uns devant les autres.*) Qu'est-ce que vous faites-là, imbéciles ?

Elle en pousse un, qui tombe sur celui de devant, et ainsi de suite tous les gardes tombent comme des capucins de carte.

Reprise de l'air.

Flic, flac, (*bis*.)
Dès qu'à l'improviste, etc.

GANACHINI.

Comment, madame, vous renversez mes gardes du corps !

VIOLENTINE.

Ils sont gentils vos gardes !... bel uniforme que vous leur avez donné là ! ils ont l'air de mitrons. Quel est ce casque qu'ils ont sur la tête ?

GANACHINI.

Ma chère amie, c'est un casque à mèches.

VIOLENTINE.

C'est un bonnet de coton, intrigant !... Que faisiez-vous là avec Bouriquet ?

GANACHINI.

Nous parlions politique, je lui donnais des ordres... au sujet d'une nouvelle sau... d'une nouvelle société que je veux former.

VIOLENTINE.

Qu'est-ce que tu tiens là, Bouriquet ?... une casserolle, j'en étais sûre. Seigneur Ganachini, vous n'êtes qu'un goulu ! (*A Bouriquet.*) Sortez !

GANACHINI, *bas à Bouriquet au moment où il passe près de lui*.

Tu iras m'acheter une belle volaille pour mon souper ; tu me la mettras aux petits oignons.

VIOLENTINE.

Hein !

GANACHINI.

Rien ; je lui dis de faire attention.

VIOLENTINE.

Gardes, laissez-nous, j'ai besoin de parler au seigneur Ganachini.

Bouriquet sort d'un côté, les gardes de l'autre.

SCENE V.

VIOLENTINE, GANACHINI.

VIOLENTINE, *lui indiquant un siège*.

Asseyez-vous.

GANACHINI.

Volontiers, ma douce amie.

Il s'assied.

VIOLENTINE, *debout*.

D'abord, seigneur, je vous dirai que je suis très-mécontente de vous.

GANACHINI.

Eh ! pourquoi donc, Bibiche ? il me semble cependant que depuis notre hymen je fais ce que je puis pour vous être agréable : j'ai placé toute votre famille à ma cour, j'ai mis tous vos cousins dans ma bouche ; vos oncles, comme pour la douceur ce sont de vrais moutons, je les ai laissés dans mes chambellans ; enfin, votre frère qui avait assez de goût pour ne rien faire, je l'ai attaché à ma personne... j'ai fait...

VIOLENTINE.

Vous n'avez fait que votre devoir, et bien juste !

si je vous ai épousé, à coup sûr ce n'est pas pour vos beaux yeux.
GANACHINI.
J'avais cru... pourtant... ma belle...
VIOLENTINE.
Taisons-nous!... ce que je veux maintenant, c'est que vous vous occupiez du bonheur de mon frère le prince Dromadairos.
GANACHINI.
Qu'est-ce qu'il demande?
VIOLENTINE.
Rien.
GANACHINI.
Accordé.
VIOLENTINE.
Mais depuis quelque temps il est triste, mélancolique, il bégaie deux fois plus qu'à l'ordinaire.
GANACHINI.
C'est vrai qu'il lui faut un quart d'heure pour dire : Comment vous portez-vous? De plus, il est borgne, bossu, boiteux... enfin, c'est une justice à lui rendre, il est horrible!... Mais ça ne vous empêche pas de l'aimer, de le gâter même.
VIOLENTINE.
C'est possible, j'aime les monstres, moi... j'ai toujours eu un faible pour les monstres.
GANACHINI.
Je ne sais pas pourquoi vous me regardez en disant cela.
VIOLENTINE.
Écoutez : je crois que ce qui manque à mon frère, c'est une épouse ; il faut rassembler toutes les jeunes filles nobles de vos états, et mon frère choisira parmi les plus jolies.
GANACHINI.
Une jolie fille!... alors, ça n'ira pas du tout, il y aura incompatibilité de physique.

Air de l'Écu de six Francs.

Votre frère ayant une bosse,
Madame, je croyais, ici,
Qu'il fallait, pour faire une noce,
Que sa femme en eût une aussi (*bis*).
VIOLENTINE.
Ah! vous nous en dites de belles :
Tous deux bossus, quel contre-sens!
Vous voulez donc, qu'au lieu d'enfans
Ils fassent des polichinelles?

GANACHINI.
C'est juste! passe encore s'ils se mariaient dans les jours gras... Mais une autre observation!
VIOLENTINE.
Vous en faites beaucoup aujourd'hui. Eh bien?
GANACHINI.
Si la jeune fille que choisira Dromadairos ne voulait pas de lui?
VIOLENTINE.
Est-ce qu'on n'accepte pas toujours un homme qui fait notre fortune?... est-ce que je ne vous ai pas épousé, vous?...
GANACHINI.
Vous raisonnez comme Mathieu Lænsberg!... Mais pourtant...

VIOLENTINE.
Ah! voilà trop de réflexions!... On vient!... Silence!...

SCENE VI.
Les Mêmes, BOURIQUET.

BOURIQUET, *entrant en riant.*
Air du vaudeville des Fleurs.
Ah! c'est trop drôle, trop plaisant!
Je n'ai vu de ma vie
Une telle folie!
Ah! c'est trop drôle, trop plaisant!
C'est un tableau bien amusant.
VIOLENTINE.
Mais voyez un peu cette lusé,
Qui vient ici nous rire au nez!
GANACHINI.
Dis-nous au moins ce qui t'amuse.
BOURIQUET.
Eh bien! puisque vous l'ordonnez...
Il va pour parler et se met à rire.
Ah! c'est trop drôle, etc.

VIOLENTINE.
Bouriquet, vous me manquez de respect!... (*Elle veut lui donner un soufflet, il passe derrière Ganachini, qui le reçoit.*) Ça vous apprendra à me rire au nez.
GANACHINI, *se tenant la joue.*
Oui, ça m'apprendra... à nous rire au nez!
BOURIQUET.
Pardon... c'est que je viens de rencontrer votre frère Dromadairos avec ce singe que vous lui avez donné et qu'il aime tant... vous savez, Gogo qu'il habille quelquefois comme une poupée, avec des dentelles, des cachemires, de la battiste?
GANACHINI.
C'est vrai. Dernièrement il avait mis son singe en batiste.
VIOLENTINE.
Et qu'y a-t-il de plaisant dans cette rencontre?
BOURIQUET.
C'est que le seigneur Dromadairos s'est placé dans une petite voiture, et il se fait rouler par Gogo dans tout le palais.
GANACHINI.
Il se fait rouler, ce cher beau-frère... il était digne d'inventer les omnibus!
BOURIQUET.
Tenez, le voici!
Reprise de l'air.
Ah! c'est trop drôle, etc.

SCENE VII.
Les Mêmes, DROMADAIROS, GOGO.

Dromadairos, qui est bossu, borgne et horrible, a un costume riche et burlesque ; il est assis dans une brouette qui est poussée par un singe qui fait le tour du théâtre avant de s'arrêter. Ganachini va se remettre sur son trône.

VIOLENTINE.
Pas si vite, Gogo, pas si vite. Il va étourdir le prince!

GANACHINI.

Ça doit être fort amusant; il faudra que je me fasse rouler par mes sujets.

Le singe s'arrête ; Dromadairos descend de la brouette et va s'asseoir en tailleur sur une table en face du trône.

VIOLENTINE.

Bonjour, Dromadairos... bonjour, mon ami.

DROMADAIROS.

Bon... bonjour, ma... ma... ma sœur !

VIOLENTINE.

Bouriquet, filez !

GANACHINI, *bas à Bouriquet.*

Va donc m'acheter un dindon.

Bouriquet sort; le singe va s'asseoir en tailleur sur les genoux de Ganachini.

GANACHINI.

Allons, Gogo, pas de bêtises. Ce drôle-là a l'air de me prendre pour son père.

VIOLENTINE.

Mon petit Dromadairos, je vais t'apprendre une grande nouvelle.

DROMADAIROS.

Une nou... nou... ou... ouvelle !

Ganachini tire sa tabatière, le singe met ses doigts dedans et prise.

GANACHINI.

Gogo, voilà qui est un peu familier. (*Le singe éternue.*) Dieu vous bénisse !

VIOLENTINE, *à Dromadairos.*

Nous avons résolu de te marier.

DROMADAIROS.

Me ma... ma... marier! Ah ! non ! ah ! ah ! ah ! non !...

GANACHINI.

Gogo, voulez-vous bien lâcher mon nez ?

DROMADAIROS.

Je ne veux pas de vos prin... in... incesses... Qu'on me laisse trantran... trantran... tranquille !

VIOLENTINE.

Mais alors dis-nous pourquoi tu es triste, nigaud? Allons, qui vient encore nous déranger?

UN GARDE, *entrant.*

Une bohémienne célèbre vient de se présenter à la porte du palais.

VIOLENTINE.

Une bohémienne !... A-t-elle une voiture ?

LE GARDE.

Non, elle a une canne. Elle demande la faveur de vous baiser les pieds.

GANACHINI.

Comment donc ! mais elle nous baisera même le visage si ça lui est agréable.

VIOLENTINE.

Introduisez la bohémienne. (*Le Garde sort.*) Mon frère, cette femme va nous dire notre bonne aventure.

DROMADAIROS.

Laisse-moi trantran... laisse-moi tranquille.

GANACHINI, *à part.*

Je crois que mon beau-frère devient crétin !

SCENE VIII.

GANACHINI, VIOLENTINE, DROMADAIROS, LA CHOUETTE, GARDES.

La fée Chouette est sous le costume d'une bohémienne, grande robe, bonnet pointu, masque, baguette à la main.

ENSEMBLE.

AIR *de Robert le Diable.*

GANACHINI, VIOLENTINE, DROMADAIROS.

C'est la bohémienne ;
Je tremble à la voir ;
D'une magicienne
Elle a le pouvoir. } *bis.*

LA CHOUETTE, *à part.*

Je suis bohémienne ;
Mais je ferai voir
D'une magicienne
Que j'ai le pouvoir.

LA CHOUETTE.

Salut au seigneur Ganachini, à son épouse Violentine, et à leur frère le seigneur Dromadairos.

GANACHINI.

Comment ! vous avez tout de suite deviné nos noms ! (*A part.*) Il est vrai qu'elle a pu les demander à mon suisse.

LA CHOUETTE.

Je sais tout... je devine tout... je prévois tout... je guéris les maladies les plus noires... les mélancolies les plus sombres.

GANACHINI.

Si vous aviez aussi quelque chose pour les cors aux pieds?

VIOLENTINE, *à Ganachini.*

Voulez-vous vous taire! (*A la Chouette.*) Mon frère Dromadairos et moi, nous allons essayer de votre talent.

LA CHOUETTE.

Volontiers.

SCENE IX.

LES MÊMES, BOURIQUET.

BOURIQUET, *accourant d'un air effaré.*

Seigneur! seigneur! une nouvelle terrible!

GANACHINI.

Qu'est-ce donc, Bouriquet ?

BOURIQUET.

Il n'y a plus de dindons au marché !

GANACHINI.

Plus de dindons !... Nous allons nous y transporter tous les deux, et tout-à-l'heure je te réponds qu'il y en aura plus d'un ! Madame, je vous laisse avec la bohémienne.

VIOLENTINE.

C'est bien, allez; nous n'avons pas besoin de vous.

GANACHINI.

Viens, Bouriquet... Plus de dindons dans mes

états! on veut donc me forcer d'abdiquer?... je ne dois pas souffrir ça. Suivez-moi, gardes!

Ganachini sort avec Bouriquet et les gardes; le singe saute sur le dos de Ganachini et sort avec lui.

SCÈNE X.
LA CHOUETTE, VIOLENTINE, DROMADAIROS.

LA CHOUETTE.
Maintenant qu'on me donne un grand fauteuil.

DROMADAIROS.
Un fau... fau... auteuil...

VIOLENTINE.
Prenez le siége de mon mari; pour une magicienne il n'y a rien de trop beau.

DROMADAIROS.
Vous serez... jooliment bien... il est é...élas... élastique.

LA CHOUETTE, se plaçant.
Que l'un se place à ma droite... l'autre à ma gauche, et ne bougez pas surtout... à moins que vous ne vouliez être changés en melons.

VIOLENTINE.
Ne parlons pas de melons... ça me rappelle mon époux.

DROMADAIROS.
Je ne boubou... booouoge plus!

La Chouette fait des conjurations avec sa baguette, elle touche Dromadairos et Violentine; le théâtre devient sombre.

VIOLENTINE.
Tiens, voilà le gaz qui s'éteint.

DROMADAIROS.
On n'y voit plus du tout.

VIOLENTINE.
Je commence à avoir peur.

LA CHOUETTE.
Seigneur Dromadairos, tu as vu passer un jour d'une fenêtre du palais une jeune paysanne charmante; depuis ce temps tu l'as cherchée en vain et tu en es éperdument amoureux; voilà le motif de ta tristesse.

DROMADAIROS.
Elle a de... de... deviné!

LA CHOUETTE.
Eh bien! cette jeune fille se nomme Paquerette; elle habite une petite chaumière près du moulin, au bord de la rivière... Enlève cette fille, tâche de te faire aimer d'elle, et tu deviendras aussi beau que tu es laid.

DROMADAIROS.
Ah! quel bo... bo... quel bonheur!

LA CHOUETTE.
Toi, Violentine, tu as vu en songe un jeune pâtissier qui te faisait des yeux séducteurs; ce pâtissier existe, il se nomme Feuilleté.

VIOLENTINE.
Il existe!... dans quel climat?

LA CHOUETTE.
Empare-toi d'abord de la personne de Paquerette, et puis il te sera facile de découvrir le jeune pâtissier.

VIOLENTINE.
Merci, bohémienne, merci! Mon pâtissier existe... ah! quelle galette je vais lui commander!

Ganachini rentre de la droite avec ses gardes, Bouriquet et Gogo.

SCÈNE XI.
LES MÊMES, GANACHINI, BOURIQUET, GOGO, GARDES.

GANACHINI.
Victoire! les dindons sont revenus!... j'en étais sûr... nous n'avons eu qu'à nous montrer. Ah! ah! la bohémienne est encore ici? (A Violentine.) Eh bien! chère amie, êtes-vous contente de ses prédictions?

VIOLENTINE.
Enchantée.

GANACHINI.
Puisqu'il en est ainsi, je veux faire une politesse à cette vieille femme... Vieille femme, je vous fais l'honneur de vous inviter à dîner... (Silence.) Eh bien! qu'est-ce qu'on dit?... merci qui? Comment, malhonnête, tu abuses de ton sexe pour me faire une grossièreté... et sur mon siége encore!... veux-tu bien vite descendre de là! (Il court à elle et veut la prendre par le bras; il ne trouve plus que le vêtement de la bohémienne; une chouette s'en échappe en poussant un grand cri. Ganachini recule épouvanté.) Ah! mon Dieu! qu'est-ce que c'est que ça?

VIOLENTINE.
C'était une fée.

TOUS.
Une fée!

VIOLENTINE.
Je ne m'étonne plus si elle devine tout... l'amour de mon frère, le mien...

GANACHINI.
Votre amour! vous êtes amoureuse?

VIOLENTINE.
Ça ne vous regarde pas. La fée a deviné que mon frère adore une petite paysanne nommée Paquerette; elle ordonne que nous allions la lui chercher; partons.

GANACHINI.
Mais si nous soupions avant?...

VIOLENTINE.
Silence! la fée m'a appris qu'après avoir découvert Paquerette, nous trouverions un certain Feuilleté qui est le plus fameux pâtissier de vos états...

GANACHINI.
Comment! il y a un excellent pâtissier dans mes états et je ne le connais pas encore! c'est pitoyable... Je ne connais pas l'état de mes états!... Je veux sur-le-champ aller goûter de ses

brioches ; j'en mangerai deux douzaines pour essayer. Bouriquet... qu'on m'amène mon alezan d'Arcadie. Partons !

DROMADAIROS.

Papa paartontons.

CHOEUR.

AIR des Puritains.

Sans tarder davantage,
A la reine on doit obéir;
Pour ce charmant voyage
Allons, amis, il faut partir.

DROMADAIROS.

Fi fillette jolie,
A pour moi des attraits.

GANACHINI.

Douce pâtisserie,
Je t'ouvre mon palais.

CHOEUR.

Sans tarder, etc., etc.

Dromadairos remonte dans sa brouette, que Gogo traîne de nouveau ; on amène pour Violentine un palanquin dans lequel elle monte, et pour Ganachini un âne sur lequel il se place et se met à la tête du cortége. Marche.

— Le théâtre change. — On voit l'intérieur d'une chaumière; c'est une petite chambre bien modestement meublée. Au fond, un lit ; à droite, une porte, une fenêtre ; un vieux buffet à gauche.

SCENE XII.

PAQUERETTE, *seule, entrant.*

Ah ! j'ai reporté mon ouvrage... et à présent j'ai le temps de travailler au joli petit tablier que je veux avoir quand je serai la femme de Feuilleté. Épouser mon petit pâtissier... je n'en demande pas davantage, moi.

AIR : *Chasseur écossais.*

Vivant en paix dans ce séjour tranquille,
L'ambition n'a point troublé mon cœur ;
Loin du fracas, loin du bruit de la ville,
En s'aimant bien on trouve le bonheur.
  Avant peu, je l'espère,
  Je serai pâtissière ;
  De mon sort je suis fière;
  Je le sens, en ce jour :
  Mon mari, je le gage,
  Ne sera pas volage,
  Et dans notre ménage
  Nous fixerons l'amour.

Et pourtant cette nuit j'ai fait un singulier rêve... il me semblait que je voyais au pied de mon lit une chouette, et ce vilain oiseau me disait : « Il ne tient qu'à toi d'être grande dame, princesse même !... d'avoir des palais... des laquais... et de gros bouquets !» Ah ben ! tout ça ne m'a pas tenté du tout ! J'aime bien mieux mon pauvre Feuilleté... Ah! je crois que je l'entends... oui, c'est lui... il chante toujours !

SCENE XIII.

PAQUERETTE, FEUILLETÉ.

FEUILLETÉ, *portant une galette.*

AIR des Cancans.

J'ai le cœur plein d'amour
Et brûlant comme mon four;
Oui, chez moi constamment
C'est tout chaud, c'est tout bouillant.
Pour toi je sèche, je cuis,
Je soupire et je pâtis !
Goût' le gâteau que voilà,
Et mets un peu ta main là...
  J'ai le cœur, etc.

PAQUERETTE.

Comment, Feuilleté, c'est pour moi cette belle galette ?

FEUILLETÉ.

Et pour qui donc ?... qui plus que toi est digne de ma pâte-ferme !... toi, ma jolie Paquerette... toi, ma passion... elle est peut-être un peu salée, mais c'est pour lui donner du goût.

PAQUERETTE.

Est-ce que tu as fini ton ouvrage ?

FEUILLETÉ.

Ah! j'ai encore un flanc au four pour un baptême... en cerises, que m'a commandé le parrain... un peu cult... de cent sous; mais Criquet est chez moi, il y veillera. Je ne voulais pas être plus long-temps sans te voir... c'est qu'une heure loin de toi, c'est plus long qu'une journée ensemble.

PAQUERETTE.

Sais-tu que c'est bien gentil ce que tu me dis là ?

FEUILLETÉ.

Oh ! quand nous serons mariés, je t'en dirai bien d'autres, va... mariés... l'un avec l'autre, je serai ta moitié, et tu seras mon tout !... Quel joli ménage nous ferons !... d'abord, je te bourrerai de pâtisseries et de caresses.

PAQUERETTE.

Et moi donc !

ENSEMBLE.

AIR : *Filles de l'Enfer.*

Lorsque nous serons époux, (bis.)
Que notre sort sera doux ! (bis.)

ENSEMBLE.

Jamais de chagrin chez nous,
Jamais de soupçons jaloux.
Que notre sort sera doux,
Lorsque nous serons époux !

FEUILLETÉ.

Moi, je veux que tu deviennes
Grasse et rose comme un amour;
Chaqu' matin, je veux qu' tu prennes
Les premiers gâteaux d' mon four !
Nous ferons de bonn's recettes,
L'argent, dans c' comm'rce-là,
Vient en faisant des boulettes,
Et de tout temps on en fera !

ENSEMBLE.

Lorsque nous serons, etc.

PAQUERETTE.

Moi, je veux dans notr' boutique

Que tout séduise les yeux.
Pour attirer la pratique
J'aurai l'air bien gracieux.
Not' fortune, sans anicroches,
Doit s'arrondir, car pour ça
I n' faut faire que des brioches,
Et de tout temps on en fera.
ENSEMBLE.
Lorsque nous serons, etc.

FEUILLETÉ.
C'est égal, Paquerette, je suis fâché que tu aies voulu attendre jusqu'à la fin de l'année pour nous marier, et quoique nous n'ayons plus qu'un mois à attendre, je trouve que c'est encore trop.

PAQUERETTE.
Pourquoi cela?

FEUILLETÉ.
Parce que cette nuit j'ai fait un vilain rêve... un rêve qui me tourmente... je voyais une chouette sur mon lit, et ce maudit oiseau ne cessait de me répéter : « Tu n'auras pas Paquerette... elle t'oubliera; une grande dame te consolera... patati... patata... »

PAQUERETTE.
Comment, une chouette te disait cela?... Oh! c'est bien singulier; j'ai vu en songe le même oiseau, qui m'annonçait aussi des choses extraordinaires.

FEUILLETÉ.
Ah! bah!... rêver chouettes tous les deux... c'est étonnant ça; je ne crois guère aux songes... pourtant je voudrais bien que quelqu'un pût m'expliquer ce que ça veut dire.

PAQUERETTE.
Il y a une personne dans le pays qui serait bien en état de nous le dire et surtout de nous donner de bons conseils, la mère Berthe.

FEUILLETÉ.
Oh! oui, cette vieille femme qui n'a plus qu'une dent, que tout le monde respecte et honore dans le village... on dit que c'est la crème des vieilles femmes... mais je n'ai jamais osé lui parler.

PAQUERETTE.
Ni moi, mais elle a l'air si bon, je suis sûre qu'elle nous écouterait avec plaisir.

FEUILLETÉ.
Si je le savais, je dirais : Allons la consulter.

Pendant que les deux amans causent, la fée Colombe, sous le costume d'une vieille paysanne, paraît tout-à-coup assise dans un vieux fauteuil qui roule et s'arrête contre Paquerette, de sorte qu'en se retournant les amans aperçoivent la vieille paysanne assise près d'eux.

PAQUERETTE.
Tiens!... eh mais! la v'là la mère Berthe.

FEUILLETÉ.
Eh! oui, vraiment... je l'ai pas entendu ouvrir la porte.

PAQUERETTE, allant à elle.
Bonjour, mère Berthe. Oh! que c'est aimable à vous de venir me voir! Est-ce qu'il y a long-temps que vous êtes là?

LA COLOMBE.
Non, mes enfans, j'arrive, et je me reposais parce qu'à mon âge on est vite fatigué.

FEUILLETÉ.
Vous arrivez joliment à propos, dame Berthe; nous voulions aller vous consulter au sujet d'un rêve que nous avons fait tous les deux.

LA COLOMBE.
Je le sais, je vous ai entendus : vous avez vu tous deux une chouette.

FEUILLETÉ.
Oui, une chouette grise, c'est ça... et une chouette grise, c'est ma bête noire à moi.

PAQUERETTE.
Oh! mère Berthe, qu'est-ce que ce songe-là nous annonce?

LA COLOMBE.
Bien des choses, mes enfans : Paquerette, un grand seigneur voudra te séduire, t'enlever; peut-être même on te séparera de Feuilleté, qui de son côté aura bien des pièges à éviter, bien des tentations à combattre.

PAQUERETTE.
Ah! mon Dieu! comment triompher de ces malheurs?

FEUILLETÉ.
Comment garder ma Paquerette pour moi tout seul?

LA COLOMBE.
Mes enfans, vous possédez sans vous en douter un talisman qui peut vous protéger contre tout ce qu'on tenterait pour vous séparer.

AIR du Talisman.
Tous les deux d'un amour sincère
Vous vous aimez, je le sais bien;
Mais qu'à l'avenir rien n'altère
Entre vous ce tendre lien ;
Alors, du sort le plus rebelle
Vous triompherez constamment :
Rester toujours fidèle
Il n'est pas d'autre talisman.

PAQUERETTE.
Rester fidèle, mais c'est charmant,
Nous emploierons ce talisman.

FEUILLETÉ.
Nous l'emploierons, je vous le jure.
D'abord, moi, ça m' va joliment.
Êtr' fidèl', c'est dans ma nature,
J' suis un canich' pour l'attach'ment.

PAQUERETTE.
Des conseils de la bonne mère
Nous nous souviendrons constamment;
Notre amour est sincère,
Nous emploierons ce talisman.

ENSEMBLE.
Rester fidèle, mais c'est charmant,
Nous emploierons ce talisman.

Pendant qu'ils chantent, le fauteuil se retire, emmenant la fée, qui disparaît; le fauteuil vide a repris sa place.

PAQUERETTE.
Tiens!... eh bien! la bonne mère est partie!

FEUILLETÉ.
C'est étonnant, pour une vieille femme, comme elle entre et sort lestement... Ah! mon Dieu! et mon flanc aux cerises que j'oublie; je retourne au four, car je ne peux pas trop me fier à Criquet. Au revoir, ma petite Paquerette; une fois ma commande livrée, je reviens près de toi.

PAQUERETTE.
Dépêche-toi, je t'attends.

FEUILLETÉ, *en sortant.*
J'ai le cœur plein d'amour,
Et brûlant comme mon four.
Oui, chez moi constamment
C'est tout chaud, c'est tout bouillant.
Il sort.

SCENE XIV.
PAQUERETTE, *seule.*

Être fidèle pour triompher des piéges qu'on veut nous tendre, il me semble que ce n'est pas bien difficile; apparemment que les dames de la ville ne savent pas ce que c'est un talisman!... (On entend une marche, des fanfares.) Ah! mon Dieu! qu'est-ce que c'est que cela? (*Elle va à sa fenêtre.*) Quel brillant cortége!... je crois que c'est le seigneur Ganachini et sa famille qui se promènent... Eh! mais, le cortége approche, on se dirige vers ma chaumière... Ah! mon Dieu! qu'est-ce que cela veut dire?

SCENE XV.
PAQUERETTE, GANACHINI, VIOLENTINE, DROMADAIROS, BOURIQUET, GARDES, SUITE.

CHOEUR.
AIR : *Cracovienne.* (Final du 1er acte du *Débardeur.*)
Le prince est en voyage,
Ah! quel bonheur pour tous!
Sur son passage,
Paysans, rangez-vous !
D'admirer sa personne
Vous avez le loisir,
A tous il donne
Aujourd'hui ce plaisir.

GANACHINI, *arrivant le dernier.*
Comment! c'est ici que vous me menez?... mais c'est très-vilain ici... moi qui ai l'habitude des palais, me conduire dans une petite rue borgne, sur un derrière, pour manger de la pâtisserie.

VIOLENTINE.
Taisez-vous, seigneur. (*A Paquerette.*) Jeune fille, c'est bien vous qu'on nomme Paquerette?

PAQUERETTE.
Oui, madame.

VIOLENTINE.
Vous ne vous attendiez pas à l'honneur de notre visite?

PAQUERETTE.
Oh! non, madame, et certainement si j'avais su... si vous voulez vous asseoir... c'est que je n'ai que deux escabeaux.

VIOLENTINE.
Je ne suis pas fatiguée; quand je sors, mes sujets me portent toujours sur leurs épaules.

GANACHINI.
Moi, je suis toujours las... Ah! bien, puisqu'il n'y a pas de trône ici, je vais m'asseoir sur le lit; j'y serai plus à l'aise pour attendre les brioches.
Il grimpe sur le lit et s'étend dessus.

VIOLENTINE.
Oui, allez vous coucher, c'est ce que vous pouvez faire de mieux.

PAQUERETTE, *à part.*
Eh bien! il est sans gêne ce vieux-là, qui se met sur mon lit... Mais qu'est-ce qu'ils viennent donc faire tous chez moi?

BOURIQUET, *à part.*
Je vas faire comme monseigneur, je vas me reposer moi.
Il s'assied sur un escabeau.

VIOLENTINE.
Avancez, villageoise; vous êtes loin de vous douter du bonheur qui vous attend.

PAQUERETTE.
Me voici, madame. (*A part.*) Je suis toute tremblante.

VIOLENTINE.
Apprenez, jeune paysanne, qu'un puissant seigneur a laissé tomber un regard sur vous, qu'il veut vous élever jusqu'à lui, enfin que le prince Dromadairos est épris de vos rustiques attraits.

PAQUERETTE.
Le prince Dromadairos! qu'est-ce que c'est que ça?

DROMADAIROS.
C'est mou mou... c'est mouoi; ma bébelle!

PAQUERETTE, *se sauvant de lui.*
Vous! ah! quelle horreur!

VIOLENTINE.
Qu'est-ce à dire, paysanne!... et que signifie cette exclamation?

PAQUERETTE.
Cela signifie, madame, que je trouve que le prince Dromadairos affreux, et que s'il veut de moi, je vous certifie que moi je ne veux pas de lui.

VIOLENTINE.
Impertinente! c'est ainsi que vous répondez à l'honneur qu'on veut vous faire?

PAQUERETTE.
D'abord, princesse, j'aime un jeune pâtissier...

VIOLENTINE.
Un pâtissier! son nom?

PAQUERETTE.
Feuilleté.

VIOLENTINE, *à part.*
C'est lui! (*Haut.*) Et ce jeune fabricant de tourtes vous aime-t-il?

PAQUERETTE.
Comment! s'il m'aime!... il doit m'épouser.

VIOLENTINE.
Ça ne prouve rien; moi qui vous parle, j'ai épousé... mais c'est pas de ça qu'il s'agit! Mon frère Dromadairos veut faire votre bonheur, comme le seigneur Ganachini a fait le mien; il

fera de la paysanne une duchesse, comme son beau-frère a fait une princesse d'une fabricante de queues de boutons... Une fois, deux fois, ça vous va-t-il?

PAQUERETTE.
Rien ne me va avec un magot pareil.

DROMADAIROS.
Maaagot!

PAQUERETTE.
J'aime mieux Feuilleté.

VIOLENTINE, à part.
Feuilleté n'est pas pour ton petit nez, ma chère, et puisque tu y tiens tant, je vais d'abord vous séparer. (Haut.) Seigneur Ganachini, faites avancer vos gardes. (Pour toute réponse, on entend Ganachini ronfler très-fort.) Il s'est endormi! j'en étais sûre! voilà à quoi il est bon!

DROMADAIROS.
Il fait do ooo dodo!

VIOLENTINE.
Qu'importe! nous nous passerons de lui pour agir... Holà! mes gens... prenez cette jeune fille et portez-la dans mon palanquin.

PAQUERETTE, se débattant.
Mais je ne veux pas... Au secours!

VIOLENTINE.
AIR de la Bouquetière.

Ma mie, en vain vous ferez résistance,
Lorsque j'ordonne, on ne raisonne pas;
Ce que je veux, c'est votre obéissance,
Jusqu'au palais il faut suivre mes pas.

PAQUERETTE, se débattant.
Pour toi, Feuilleté, quelle épreuve cruelle!

DROMADAIROS.
Tâ... tâ... tâ... tâ... tâchez de l'ou... l'ou... l'oublier.

VIOLENTINE, à part.
Je veux d'abord m'assurer de la belle,
Et puis penser à toi, séduisant pâtissier.

ENSEMBLE.
Ma mie, en vain, etc.

On entraîne Paquerette. Violentine et Dromadairos sortent avec tout le monde; il ne reste plus en scène que Ganachini, qu'on entend ronfler, et Bouriquet qui dort sur l'escabeau. La nuit vient.

SCÈNE XVI.
GANACHINI, BOURIQUET.

Après que tout le monde est sorti en chantant le chœur très-fort, Ganachini se réveille doucement et dit:

GANACHINI.
N'ai-je pas entendu un léger bruit?... non... je suis seul! Eh bien! où donc est mon épouse et mon cortége?... est-ce qu'on est parti sans moi?... ça serait fort malhonnête... me laisser dans cette bicoque, où l'on ne trouve rien à manger; moi qui meurs de faim... je vais me lever et me rendre chez le pâtissier dont on m'a parlé en chemin. (*Pendant qu'il parle, le lit s'élève à six pieds de haut; il veut descendre.*) Eh bien! qu'est-ce que cela signifie?... mon lit touche au plafond... je ne me suis pourtant pas endormi dans un nuage... comment descendre de là?... Holà!... à moi!... au secours!

BOURIQUET, s'éveillant.
Qu'est-ce qui appelle?... quel est l'animal qui m'éveille en sursaut?

GANACHINI.
Ah! c'est la voix de Bouriquet.

BOURIQUET.
Tiens, c'est monseigneur!

GANACHINI.
Bouriquet!

BOURIQUET.
Monseigneur?

GANACHINI.
Viens m'aider à descendre de ce lit.

BOURIQUET.
Comment! vous n'êtes pas assez grand pour descendre tout seul!... il tombe en enfance, ma parole d'honneur! (*Il s'est levé et cherche la place du lit.*) Ah çà! où êtes-vous donc?

GANACHINI.
Je suis en l'air, mon garçon... ne me laisse pas en suspens... prends plusieurs chaises, tu m'atteindras.

BOURIQUET.
Comment diable avez-vous fait pour vous loger là?... je ne sais pas si je pourrai... (*En parlant il est allé chercher une chaise; pendant ce temps, le lit s'est dédoublé, il en est descendu un second à terre; Bouriquet en rapportant sa chaise se heurte contre ce second lit.*) Qu'est-ce que c'est que ça? vous voilà redescendu!

GANACHINI, en haut.
Mais non, je t'attends.

BOURIQUET, levant la tête.
Comment! vous êtes là-haut... et votre lit est ici!

GANACHINI.
Mais mon lit est avec moi... imbécile!

BOURIQUET.
Imbécile, imbécile!... votre lit est devant moi... et la preuve c'est que je le tâte... c'est que je m'assieds dessus... c'est que je m'y couche dessus... tenez... (*Le lit de Ganachini descend et cache entièrement Bouriquet, qu'on entend crier.*) Ah! la! la!... ouf!... vous m'étouffez.

GANACHINI.
Eh bien! où es-tu donc? animal?... tu ne veux donc pas m'aider à descendre?

Pendant ce temps le lit de Bouriquet a remonté, celui de Ganachini se trouve en bas.

BOURIQUET, se penchant.
Descendre... mais vous êtes au-dessous de moi... je touche aux frises.

GANACHINI.
Est-ce possible?... c'est ma foi vrai... je suis en bas.

BOURIQUET.
Aidez-moi, prince... j'ai peur de rouler dans la ruelle.

GANACHINI.

Attends, mon garçon, je vais me lever et aller à toi... Eh bien! eh ben! (*Le lit de Bouriquet est redescendu et étouffe Ganachini.*) Eh bien, drôle!... vous vous permettez de me mettre sous votre lit... Pour quoi me prenez-vous?!... Ah! ah! ah! j'étouffe! (*Il se débat; les deux lits n'en font plus qu'un, qui se trouve avoir repris sa place et dans lequel les deux hommes sont réunis. Ils se battent.*) Ah! drôle! ah! pendard! tu ne veux pas m'aider à descendre... Tiens! coquin!... Tiens! lâche!

Tout en se battant ils roulent tous deux à terre ; le lit disparaît.

BOURIQUET.

Dites-donc, seigneur, il me semble que nous sommes descendus un peu vite!

GANACHINI, *se relevant.*

C'est ta faute, Bouriquet, tu es si entêté! Allons, va chercher mon âne, que je monte à cheval. (*Bouriquet sort.*) Je meurs de faim ! il me tarde d'arriver chez ce pâtissier.

BOURIQUET, *à la porte avec l'âne.*

V'là votre âne, prince !

GANACHINI.

Fais-le entrer, je veux l'enfourcher ici.

BOURIQUET, *tirant la bride.*

Il ne veut pas venir... Entre donc, baudet. (*On voit l'âne contre la porte ; Bouriquet tire toujours la bride et lui arrache la tête.*) Allons, bon! v'là la tête qui m'est restée dans les mains !

GANACHINI.

Que vois-je ! il a guillotiné mon âne !... Lâche homicide, tu mourras de ma main.

Il le poursuit à coups de pied dans le derrière ; tous deux disparaissent. Le théâtre change. On voit la boutique d'un pâtissier. A droite de l'acteur, le four, une table avec ce qu'il faut pour faire de la pâte.

SCÈNE XVII.

FEUILLETÉ, CRIQUET, MITRONS.

On voit Feuilleté qui travaille, et tous les petits patronets qui roulent de la pâte.

ENSEMBLE.

Air *de Jocrisse aux enfers.*

Allons, travaillons,
Pâtissons,
Pétrissons,
Et montrons
Ce que nous savons.
Tout ça
Séduira,
Tentera,
Bourrera,
Et plus d'un s'en étouffera.

FEUILLETÉ.

C'est gentil d'être pâtissier,
Avec plaisir on travaille
Quand on s' trouv', par son métier,
Toujours dans la houstifaille.

Reprise.

Allons, travaillons, etc.

FEUILLETÉ.

Ah! voyons maintenant ce petit flan que j'ai confectionné à l'intention de Paquerette; il doit être cuit. (*Il prend la pelle et retire un petit flan de son four.*) Oh! comme c'est doré! comme c'est rissolé ! Criquet !

CRIQUET.

Voilà, bourgeois.

FEUILLETÉ.

Tiens, prends ceci... va le porter à mamzelle Paquerette... Tu lui diras que je mets mon flan à ses pieds.

CRIQUET.

J'y cours, bourgeois.

FEUILLETÉ.

Surtout n'en mangez pas la moitié en route... C'est que je vous connais... toutes les fois que vous portez des brioches en ville, elles arrivent sans tête.

CRIQUET.

C'est les oiseaux qui les emportent, bourgeois.

FEUILLETÉ.

Les oiseaux! Vous me croyez donc bien serin pour me dire ça!... Allez. (*Criquet sort.*) Je ne sais pas ce que j'ai aujourd'hui... mais je ne me sens pas en train de pâtisser!... Ce que la vieille Berthe nous a dit ne me rassure pas trop : on voudra m'enlever Paquerette... on tentera de me tenter !... Qu'est-ce que j'ai donc de si tentant?

Air *de la Famille de l'Apothicaire.*

Je suis gentil, je le sais bien,
J'ai deux yeux dont pas un ne louche,
A mon nez il ne manque rien,
Je m' flatt' d'avoir un' fameus' bouche,
Mes oreilles sont sans défaut;
Mais, malgré ça, pour qu'on m' préfère,
Il me sembl' que du bas en haut
Je n'ai rien d'extraordinaire.

Eh ! mais on dirait des cris... c'est la voix de Criquet... qu'a-t-il donc? il aura mangé mon flan, et il va me faire une colle !

CRIQUET, *entrant essoufflé.*

Ah ! mon Dieu ! ah ! ciel ! ah ! quel malheur !...

FEUILLETÉ.

Voyons, petit gourmand, parle. Qu'est-il arrivé à mon flan?

CRIQUET.

Votre flan! Ah! c'est bien autre chose ! On a enlevé mamselle Paquerette.

FEUILLETÉ.

Enlevé Paquerette! celle que j'aime tant! celle qui devait être ma femme!... Oh! c'est un coup que je ne supporterai pas... Vivre sans Paquerette, non, c'est impossible! C'est fini, je veux me tuer, me périr, me détruire de fond en comble.

TOUS LES PATRONETS, *le suppliant.*

Ah! bourgeois! ne vous tuez pas !

FEUILLETÉ.

Je n'écoute rien !... Et pour commencer, donne-moi ce grand coutelas qui est sur la table. Tu ne veux pas me le donner... je le prendrai moi-même. (*Il prend un coutelas et s'en frappe la poitrine; le coutelas se brise en mille miettes comme un gâteau.*) Ma poitrine repousse le fer. Si je me noyais... Je n'ai pas d'eau dans ma fontaine... Ah ! j'ai mon affaire... cette petite canardière... (*Il va prendre un grand fusil.*) Avec ça, en me tirant à six pas, j'aurai bien du malheur si je me manque... Mais comment ferai-je pour me viser moi-même à six pas de distance ?... Ah ! que je suis bête !... c'est Criquet qui me tirera. Tiens, Criquet, prends ce fusil, et commence par le charger.

CRIQUET.

Mais, bourgeois...

FEUILLETÉ.

Charge-le, je te l'ordonne. Tiens, il y a de la poudre et des balles dans le tiroir de cette table; mets une forte charge... mets cinq balles. Je ne serai pas fâché d'entendre le bruit des cinq balles.

CRIQUET, *à part*.

Oui, le plus souvent !... Je vais le charger avec de la brioche, c'est ben assez lourd.

FEUILLETÉ, *se retournant pour ne pas voir Criquet*.

Je ne veux pas voir ces affreux préparatifs. Eh bien ! Criquet, ça y est-il ?

CRIQUET, *fourrant de la brioche dans le fusil*.

Oui, bourgeois, v'là qu'est fait.

FEUILLETÉ.

A présent, tu vas m'ajuster. Mais comme on prétend que la mort n'est pas belle à voir en face, je ne veux pas me retourner... Vise-moi bien.

CRIQUET.

Où ça, bourgeois ? dans le cou ?

FEUILLETÉ.

Oh ! non, ça pourrait me donner un torticolis.

CRIQUET.

Dans le dos ?

FEUILLETÉ.

Non, je pourrais devenir bossu.

CRIQUET.

Où donc alors ?

FEUILLETÉ.

Au-dessous du dos, à l'endroit où il change de nom. Allons, y es-tu ? Une... deux... (*Criquet tire. On voit une brioche qui sort de la bouche de Feuilleté.*) Ah ! ah ! (*Il ôte la brioche de sa bouche.*) Qu'est-ce que c'est que ça ? les balles se changent en brioches... Pas moyen de me tuer !... C'est à en mourir de chagrin !

Il s'assied désespéré près d'une table.

CRIQUET.

Bourgeois, le seigneur Ganachini et son écuyer entrent dans votre boutique.

FEUILLETÉ.

Eh ! que m'importe tous les seigneurs du monde ? c'est ma Paquerette qu'il me faut.

SCÈNE XVIII.

LES MÊMES, GANACHINI, BOURIQUET.

GANACHINI.

Ah ! me voilà donc chez ce pâtissier dont on m'a vanté le talent !... cela me paraît bien tenu ici. Petits patronets, où donc est votre chef ?

CRIQUET, *montrant Feuilleté qui ne s'est pas dérangé*.

Le v'là, seigneur.

GANACHINI.

Comment ! et il ne se lève pas pour me recevoir ?... Il faut que ce soit un homme d'un grand mérite. (*S'approchant.*) Pâtissier ! pâtissier ! le seigneur Ganachini est devant... c'est-à-dire derrière vous.

FEUILLETÉ, *à part*.

Qu'est-ce que ça me fait à moi ?

GANACHINI.

Pâtissier, je vous dirai que j'ai très-faim, mon ami.

FEUILLETÉ, *se levant*.

Ah ! mon Dieu, seigneur, vous arrivez dans un mauvais moment... j'ai vendu tout ce que j'avais... Et maintenant je n'ai pas la tête à mon four. J'ai perdu celle que j'aime... on m'a enlevé ma chère Paquerette.

GANACHINI.

Paquerette ! Comment, dis-tu, mon ami ?... ta maîtresse se nomme Paquerette, et elle habitait une chaumière ici près ?

FEUILLETÉ.

Justement, monseigneur. Vous pourriez me donner de ses nouvelles ?

GANACHINI.

Si je le puis ! je crois bien ! c'est ma femme qui a fait enlever ta belle pour la marier à son frère Dromadairos.

FEUILLETÉ.

Mais où est-elle enfin ?

GANACHINI.

Parbleu ! dans mon palais !

FEUILLETÉ, *se jetant à genoux*.

Ah ! de grâce, rendez-la-moi.

GANACHINI.

Relève-toi, mon garçon. Je ne suis pas un tyran, moi... je n'ai jamais eu la moindre ressemblance avec un tyran... Je te rendrai ta maîtresse... mais c'est à une condition.

FEUILLETÉ.

Mettez-en trois, mettez-en vingt, je les accepte toutes.

GANACHINI.

Écoute. Depuis long-temps on m'a parlé d'un mets délicieux et que je voudrais bien connaître ; c'est un pâté truffé aux abricots et au jus de réglisse avec des petits pois.

FEUILLETÉ.

Alors c'est un pâté à la julienne.

GANACHINI.
Eh! non, puisque ça s'appelle le pâté du grand schaa.
FEUILLETÉ.
Un pâté de chat?
GANACHINI.
Oui, du shaa de Perse : on prétend qu'une seule bouchée vous rajeunit de dix ans... Tu comprends que je veux en manger beaucoup!.. Si tu me fais ce pâté-là, je te promets de te rendre Paquerette.
FEUILLETÉ.
Vous me la rendrez, je vous ferai votre pâté.
GANACHINI.
Tu as donc la recette?
FEUILLETÉ.
Est-ce que je ne sais pas tout faire? (*A part.*) Le diable m'emporte si je m'en doute! mais, ma foi, au hasard!... il n'en a jamais mangé... et d'ailleurs je réussirai peut-être où on ne sait pas. (*Haut.*) Allons à la besogne! vous, préparez la pâte et mettez-la dans le moule... lestement. (*Deux patronets sortent.*) Vous, allez me chercher tout ce qu'il faut pour garnir l'intérieur.
TOUS.
Mais quoi, patron?
FEUILLETÉ.
Tout ce que vous voudrez... tout ce qui se mange... (*à part*) et au besoin ce qui ne se mange pas. (*Criquet et plusieurs patronets sortent de différens côtés. A d'autres.*) Vous, apportez-moi le grand baquet, le pétrin ordinaire serait trop petit. Voyons, voyons, dépêchons-nous.

Ils sortent, puis ils rentrent presque aussitôt, apportant un énorme baquet que l'on dépose au fond. Pendant ce temps, les patronets rentrent de différens côtés, apportant les ingrédiens du pâté; d'autres préparent le four; le reste entoure le baquet.

GANACHINI, *se frottant les mains*.
Bon! bon! ça chauffe... ça chauffe! (*Apercevant deux patronets qui rapportent le pâté pétri et sortant du moule.*) Ah! voici la croûte!
FEUILLETÉ, *aux patronets qui lui apportent ce qu'ils ont été chercher*.
Des abricots?... bon! au baquet... (*A un autre.*) Des petits pois?... bravo!... tout ce que vous avez demandé, prince...
GANACHINI.
N'oublie pas les truffes.
FEUILLETÉ, *prenant un panier qu'on lui apporte*.
Voilà! voilà! (*A part.*) Un litre de pommes de terre, ça fera le même effet... (*Il les donne à un patronet.*) Au banquet! au banquet!... (*A part.*) Qu'est-ce que je mettrai donc bien comme pièce de résistance? (*Apercevant la tête d'âne que Bouriquet a déposée sur une table.*) Tiens!... ça tiendra de la place. (*Il la prend et la fourre dans le pâté. A un patronet.*) Eh bien! tu n'apportes rien, toi?
LE PATRONET.
Je n'ai trouvé que ça, patron.

Il montre une énorme carotte de tabac.

FEUILLETÉ.
Une carotte de tabac... très-bien!... maintenant, si j'avais un petit oignon...
UN PATRONET, *en présentant une boîte*.
Lequel faut-il mettre?
FEUILLETÉ.
Ah! bah! mets la botte.
GANACHINI.
Il ne pleure pas sur la marchandise.
BOURIQUET.
Il met bien des choses... tout ça ne pourra jamais aller ensemble.
GANACHINI, *lui montrant Feuilleté qui dans ce moment casse un jaune d'œuf dans le pâté*.
Si, si!... tiens, il vient de faire la liaison.
FEUILLETÉ.
Seigneur, on va mettre votre affaire au four.

Feuilleté met son pâté au four, sous lequelles marmitons ont fait un grand feu.

GANACHINI.
Bravo, mon ami, bravo, tu es habile, je le vois; et combien de temps faudra-t-il pour cuire le pâté?
FEUILLETÉ.
Mais... environ... deux minutes!
GANACHINI.
Cuit en deux minutes! c'est prodigieux!
FEUILLETÉ.
Ah! c'est que j'ai un four qui ne ressemble pas à tous les autres..., c'est pis que la vapeur...
GANACHINI.
Quand tu voudras un brevet d'invention, mon ami... tu l'auras, ça ne te coûtera que treize francs.
FEUILLETÉ, *qui est allé voir dans le four*.
C'est fait! c'est magnifique!...
GANACHINI.
En vérité! voyons, mon ami, donne vite... retire-le du four.
FEUILLETÉ.
Ah! un moment! Vous m'avez promis de me rendre Paquerette... donnant, donnant... faites revenir ici celle que j'aime, et je vous donne votre pâté.
GANACHINI.
Comment, drôle! est-ce que tu te méfierais de moi, par hasard?
FEUILLETÉ.
Non, je ne me mêle de personne; mais les grands seigneurs ont la mémoire courte... Pas de Paquerette, point de pâté.
GANACHINI.
Ah! tu le prends sur ce ton-là! eh bien! j'aurai ce pâté et tu n'auras pas ta Paquerette. Viens, Bouriquet! allons chercher mes gardes, et revenons mettre ce drôle à la raison!
BOURIQUET.
Oui, et nous mangerons toute sa boutique.

Ganachini sort avec Bouriquet.

SCÈNE XIX.

Les Mêmes, *hors* GANACHINI *et* BOURIQUET.

FEUILLETÉ.

Voyez-vous ce vieux gourmand! il ne voulait pas tenir sa parole! mais il va revenir avec ses gardes; que ferai-je, seul contre tous? Ah! la mère Berthe m'a trompé!... J'ai beau bien aimer Paquerette, qui m'aime aussi de tout son cœur, ce talisman-là ne suffit pas... nos ennemis sont les plus forts.

SCÈNE XX.

Les Mêmes, LA COLOMBE.

En ce moment le grand baquet dans lequel on a pétri le pâté se développe et prend la forme d'un élégant et gracieux pavillon à colonnes au milieu duquel se trouve la fée Colombe, debout sur un piédestal. Le fond de la boutique s'est changé aussi en un joli point de vue de jardin.

FEUILLETÉ.

Ah! mon Dieu!... qu'est-ce que c'est que cela?

LA COLOMBE.

Feuilleté, cesse de te désespérer; garde-toi d'accuser la vieille Berthe, et souviens-toi de ses conseils, car c'est en les suivant que tu arriveras à posséder Paquerette. Puisque Ganachini manque à sa promesse, il faut que ce qu'il veut obtenir serve à t'introduire près de celle que tu aimes. Viens, suis-moi sans crainte.

FEUILLETÉ.

Où donc?

LA COLOMBE.

Dans ce four.

FEUILLETÉ.

Il doit y faire un peu chaud; mais pour retrouver Paquerette, oh! je me jetterais dans le feu... Allons, patronets, suivez votre maître!

La fée entre dans le four; Feuilleté s'y précipite, puis tous les petits mitrons après lui; le four se referme. Le petit pavillon se referme, et le fond de la boutique a repris son aspect primitif.

SCÈNE XXI.

GANACHINI, BOURIQUET, Gardes.

GANACHINI, *arrivant avec Bouriquet et ses Gardes.*

Allons, mes braves guerriers, il s'agit d'un pâté, c'est ici qu'il faut montrer du courage... Ah! le pâtissier et tous ses garçons se sont sauvés. Venez, soldats, faisons le siége du four. (*Ganachini tire son épée et va se cacher derrière Bouriquet; les soldats vont pour enfoncer la porte du four; en ce moment elle s'ouvre, le four prend un développement considérable. On aperçoit sur un beau dressoir un magnifique pâté haut de cinq pieds, et tout à l'entour un riche étalage de grandes pièces de patisserie échelonnées, telles que nougats, biscuits de Savoie, châteaux de sucre, etc., etc., le tout dans des proportions monstres.*) Oh! quel superbe tableau! quel pâté, Bouriquet! quel pâté!

BOURIQUET.

Il y a de quoi nourrir une armée.

GANACHINI.

Gardes, qu'on emporte ce pâté dans mon palais! (*Les gardes chargent le pâté sur un faisceau de tourne-broches. Tous les petits gâteaux se rangent derrière et suivent. Ritournelle du chœur, puis le chœur après le milieu.*) O prodige! les pâtés qui marchent tout seuls.

BOURIQUET.

Encore si c'étaient des fromages, ça m'étonnerait moins.

On se met en marche. Les gardes portent le pâté sur leurs épaules.

CHŒUR.

Air du Brasseur.

Allons, marchons,
Allons, partons.
Mais de cette boutique
Nous emportons,
Oui, nous tenons
Un pâté magnifique.

FEUILLETÉ, *soulevant la croûte du pâté, et montrant sa tête lorsqu'on est au milieu du théâtre.*

Tu ne sais pas,
Vieux Mardi-Gras,
C' que renferm' ton trophée;
Dans ce pâté
Je suis porté;
Merci, ma bonne fée.

On voit s'envoler une colombe. — Marche.

ACTE DEUXIEME.

Un joli boudoir de palais. Porte au fond, petite porte à gauche. Une belle et grande glace au fond. Le pâté monstre est placé au milieu sur une table.

SCÈNE PREMIERE.

GANACHINI, BOURIQUET.

Au lever du rideau, Ganachini, assis à gauche, devant une table, sur laquelle il y a ce qu'il faut pour écrire, s'est endormi. Bouriquet, une pique à la main, fait sentinelle près du pâté.

BOURIQUET.

Allons, voilà encore monseigneur qui fait un somme; je lui avais remis quelques placets de ses sujets, et du moment qu'il faut qu'il s'occupe d'affaires, il tape de l'œil... il a fait apporter ce pâté colosse dans ce boudoir, qui appartient à son épouse, afin de lui causer une surprise agréable, et il a si peur qu'on y touche à son énorme pâté, qu'il m'a placé en sentinelle auprès; mais pendant que monseigneur ronfle, qui m'empêche moi-même... parbleu ! quand je prendrais seulement gros comme ma tête dans l'intérieur, ça ne paraîtra pas; essayons... (*Il regarde de tous côtés, puis se rapproche.*) Avec ma pique je vais le sonder.

FEUILLETÉ, *à part, levant la croûte du haut et montrant sa tête.*

Je vais t'apprendre à vouloir percer ma maison.

Bouriquet se dispose à percer le pâté avec sa pique; Feuilleté lui applique une claque sur la tête.

BOURIQUET, *se retournant.*

Hein ! qui est-ce qui se permet de me donner des calottes ?... si le seigneur Ganachini était réveillé... mais non, il dort.

SCÈNE II.
LES MÊMES, GOGO.

Gogo, l'épée au côté, un habit rouge et chapeau à cornes, entre par la porte du fond et se glisse de l'autre côté du pâté, qu'il semble regarder avec convoitise.

BOURIQUET, *tournant autour de Ganachini.*

Décidément, ce n'est pas lui qui m'a tapé; il dort comme plusieurs pots. (*Le singe essaie de grimper après le pâté; Feuilleté le tape comme Bouriquet et le fait dégringoler; Gogo cherche d'où lui vient le coup, sans apercevoir Bouriquet, qui lui-même ne le voit pas. Bouriquet dit :*) Je me serai figuré qu'on me battait, c'était une vision; retournons au pâté... (*Il revient à la charge; même jeu de Feuilleté. Bouriquet reprend.*) Oh ! cette fois, je l'ai reçue, bien reçue, la claque... Ah ! je trouverai celui qui m'a frappé, et gare à lui ! (*Il tourne autour du pâté; Gogo de son côté fait le même jeu; ils arrivent nez à nez.*) C'est Gogo !... Ah ! maudit singe, tu me donnes des renfoncemens !.. tu vas me le payer ! (*Il court sur le singe, qui se met en garde et tire son épée.*) Ah ! tu veux te battre !... eh bien, nous allons voir... oh ! avec ma pique je t'aurai bientôt désarmé... Tiens, ramasse ton épée. (*Il se bat avec sa pique contre le singe et lui fait tomber son épée, mais Gogo remet la main à son fourreau et en tire une autre épée; Bouriquet la lui jette encore à terre; le singe en tire une troisième, et ainsi jusqu'à six.*) Ah çà ! mais c'est donc une fabrique d'épées que son fourreau à ce maudit singe !... Je vais t'embrocher alors.

Gogo saute sur sa pique, ils se le disputent tous deux. Ganachini est éveillé par les cris de Bouriquet.

GANACHINI.

Qu'est-ce que c'est ?... qu'est-ce qu'il y a ?... Aurait-on attaqué mon pâté ?

BOURIQUET.

Oui, seigneur, Gogo voulait l'entamer; si vous ne faites enfermer ce voleur-là, je ne réponds plus de rien.

GANACHINI.

Attends, Bouriquet, je vais te donner un ordre pour le chef de ma ménagerie ; je lui recommanderai d'y retenir Gogo jusqu'à ce que j'aie mangé tout le pâté du sultan.

BOURIQUET.

Bon !... il y restera quelque temps alors.

GANACHINI.

Voyons que j'écrive ça avec une plume de fer. (*Il se met à écrire; à mesure qu'il écrit, la table rentre sous terre ; elle finit par disparaître entièrement, et Ganachini, qui s'appuyait toujours dessus, tombe en faisant la culbute; Gogo se moque de lui en imitant sa culbute et faisant des gambades.*) Qu'est-ce que cela signifie ? voilà mon bureau qui est fondu à présent !

BOURIQUET.

Je crois que le diable est entré dans le palais.

GANACHINI.

Chut ! silence ! j'entends ma femme !... Comme elle va être enchantée en trouvant ce pâté dans son boudoir !

SCÈNE III.
LES MÊMES, VIOLENTINE.

VIOLENTINE.

Qu'ai-je appris ?... Monsieur Ganachini se permet de faire porter des pâtisseries dans mon boudoir !... est-ce qu'il voudrait faire une salle à manger de mon appartement ?

GANACHINI.

Chère amie, ne te fâche pas; ce n'est pas un pâté ordinaire... Tiens, regarde, comment le trouves-tu ?

VIOLENTINE.

Je conviens qu'il est magnifique ; c'est la première fois que vous me faites voir quelque chose de beau.

GANACHINI.

Quand tu en auras goûté, tu seras bien plus enchantée... Il s'appelle le pâté du sultan à trois queues ; il produit des effets surnaturels.

Lui montrant le bout de son doigt.

AIR d'*Un de plus.*

Gros comme ça (*bis.*)
De ce pâté vraiment unique
Sur-le-champ me rajeunira,
Et je deviendrai magnifique !...

VIOLENTINE, *riant.*

Je n' crois pas ça (*bis.*)
Quand mêm' vous mangeriez tout ça.

Mais il ne s'agit pas de manger maintenant : nous avons enlevée cette petite paysanne, cela ne suffit pas, il faut la décider à épouser Dromadairos. Paquerette est là... envoyez-moi sur-le-champ le prince mon frère.

GANACHINI, *allant vers le pâté.*

Mais il me semble qu'auparavant j'aurais pu goûter...

VIOLENTINE, *l'arrêtant.*
Faites ce que j'ordonne, sinon j'ai des attaques de nerfs... je casse des chaises, des tabourets sur vos épaules.
GANACHINI.
Je vous obéis, chère épouse... Venez, vous autres !
ENSEMBLE.
VIOLENTINE.
Air : *Final de Richelieu.*

Montrez-vous soumis à ma voix ;
Je suis aimable et bonne,
Mais quand on méconnaît mes lois
Je n'épargne personne.
GANACHINI.
Je suis en tous point ses leçons ;
Ell' me met les menottes !...
Je devrais porter des jupons,
Puisqu'ell' porte les culottes.
REPRISE.
Montrons-nous soumis, etc.

Ganachini sort avec Bouriquet ; le singe les suit en se moquant d'eux et imitant la marche de Ganachini.

VIOLENTINE, *seule.*
Grand Dieu ! quel animal le ciel m'a donné pour mari !
Ouvrant la petite porte à gauche.

SCÈNE IV.
VIOLENTINE, PAQUERETTE.

PAQUERETTE, *sortant de la pièce à gauche.*
Ah ! j'espère qu'on va me rendre enfin la liberté... ça ne m'amuse pas du tout... votre palais.
VIOLENTINE.
Mais, paysanne, vous n'avez donc pas pour deux liards d'ambition ?
PAQUERETTE.
Oh ! non madame... je n'ai que de l'amour pour mon pâtissier.
VIOLENTINE.
Et cette superbe toilette qu'on vous offrait, est-ce que ça ne vous éblouit pas, paysanne ?
PAQUERETTE.
Oh ! mon Dieu non, madame.
Air : *Rêve de Ma*

Cette riche toilette,
Ces affiquets
Tout ça pour Paquerette
Est sans attraits.
Une simple bergère
Ne peut habiter un château ;
J'aime mieux ma chaumière,
Je suis plus heureuse au hameau.
Allez ! votre richesse
Et vos atours
Ne vaudront jamais ma jeunesse
Et mes amours.
Gardez ! gardez votre richesse ;
Moi je veux garder mes amours.

FEUILLETÉ, *montrant sa tête un moment.*
Oh ! que c'est bien dit ça !
Il disparaît.
VIOLENTINE.
Hein ?
PAQUERETTE.
Plaît-il ?
VIOLENTINE.
Qu'est-ce que vous avez dit ?
PAQUERETTE.
C'est vous qui avez parlé toute seule.
VIOLENTINE.
Il faut qu'il y ait des souris dans cette chambre. Ah ! j'entends le prince Dromadairos.
PAQUERETTE.
Encore ce vilain monstre ! j'aimerais mieux voir le diable !

SCÈNE V.
LES MÊMES, DROMADAIROS.

VIOLENTINE.
Venez, prince... voilà une petite fille qui se permet de faire la rebelle... elle vous préfère un pâtissier... fi ! quels goûts roturiers !
DROMADAIROS.
Nous l'apri... pri... nous l'apprivoiserons.
PAQUERETTE.
Jamais... comment voulez-vous me séduire, vous ? mais regardez-vous donc, seigneur.

Paquerette conduit Dromadairos devant la glace, qui alors s'ouvre par le milieu, et la fée Chouette en sort dans son costume de fée.

SCÈNE VI.
LES MÊMES, LA FÉE CHOUETTE.

TOUS.
Ah ! mon Dieu !
VIOLENTINE.
Une femme dans une glace... et panachée !
LA CHOUETTE, *à Violentine et à Dromadairos.*
Rassurez-vous, je suis la fée Chouette, je viens servir vos projets en vous aidant à soumettre cette jeune fille... et pour cela... je vais rendre Dromadairos beau comme un amour !
Elle le touche de sa baguette, il devient bien fait, joli garçon et très-élégant.
DROMADAIROS.
Grand Dieu !... quel changement ! voyez !... voyez, ma sœur.
VIOLENTINE.
Ah ! bah ! ce serait là mon frère ?... ah ! si vous pouviez changer mon mari comme ça... seulement sept fois par semaine.
DROMADAIROS, *bas à la fée.*
Resterai-je long-temps ainsi ?

LA CHOUETTE.

Toujours, si tu parviens à plaire à Paquerette... dans le cas contraire, tu redeviendras ce que tu étais. (*A Violentine.*) Laissons-les seuls un moment.

VIOLENTINE.

C'est juste : le tête-à-tête obligé. (*A part.*) Ça me rappelle encore le temps où j'étais dans les queues de boutons.

LA CHOUETTE, VIOLENTINE.

AIR : *Walse.* (La Lucie.)

Il faut s'éloigner,
Il saura l'enchaîner;
Il doit, en ce jour,
La soumettre à l'amour.
Oui, les amoureux
Seuls s'entendent mieux.
C'est combler leurs vœux
De les laisser en secret
Se dire ici leur feu discret.

ENSEMBLE.

Pour qu'un rendez-vous
Paraisse bien doux,
C'est loin des jaloux
Qu'il faut laisser deux amans
Se déclarer leurs sentimens.

Ils reprennent tous quatre.

PAQUERETTE.

Pourquoi s'éloigner?
Pourquoi m'abandonner?
Je veux en ce jour
Sortir de ce séjour.
Si les amoureux
Seuls s'entendent mieux,
C'est contre mes vœux
Que l'on me laisse en secret
Ici près de cet indiscret.
Pour qu'un rendez-vous
Paraisse bien doux
Bien loin des jaloux,
Il faudrait auparavant
Que ce monsieur fût mon amant.

Violentine sort par le fond, la Chouette rentre et disparaît dans la glace.

SCÈNE VII.

PAQUERETTE, DROMADAIROS.

PAQUERETTE.

Comment! on s'en va! on nous laisse seuls?

DROMADAIROS, *s'approchant.*

Eh bien! que craignez-vous?

PAQUERETTE.

Oh! certainement je ne crains pas... mais je voudrais retourner chez moi.

DROMADAIROS.

Paquerette, vous voyez que l'amour a fait un miracle en ma faveur... n'en fera-t-il pas un ne vous rendant plus sensible?

PAQUERETTE.

Mon Dieu, seigneur, seriez-vous beau comme le jour, brillant comme le soleil, je ne vous en aimerais pas davantage!

DROMADAIROS.

Ah! jolie Paquerette, vous le prenez sur ce ton! Eh bien! on saura triompher de vos dédains, et pour commencer il me faut un baiser.

PAQUERETTE.

Un baiser... oh! vous ne l'aurez pas!

ENSEMBLE.

AIR : *Ah! saprédié!* (Débardeur.)

Point de quartier! (*bis*) et point de grâce!
Il faut ici (*bis*) que l'on m'embrasse!
Un baiser, quoi qu'on dise et qu'on fasse,
Je l'obtiendrai, (*bis*)
Je le prendrai.

PAQUERETTE.

Ah! monseigneur! (*bis*) faites-moi grâce!
Je ne veux pas (*bis*) que l'on m'embrasse!
Vous verrez, quoi qu'on dise et qu'on fasse,
Je m' défendrai, (*bis*)
Je m' sauverai.

DROMADAIROS.

Lorsque pour vos appas
Je soupire, hélas!
Lorsque pour vos beaux yeux
J'éprouve mille feux,
Il faut à mon amour
Céder en ce jour.
Car, enfin,
C'est l'arrêt du destin.

FEUILLETÉ, *montrant sa tête.*

Je crois que cela se gâte;
Il veut l'embrasser, oui-dà!
Mais, quoiqu' je sois d'un' bonn' pâte,
Je ne souffrirai jamais ça!

PAQUERETTE.

Songez-y, monseigneur,
Un autre a mon cœur;
Je dois me marier
Avec mon pâtissier.
Puisqu'il va m'épouser,
Il peut m'embrasser.
A d'autr's ici
Moi je dis nenni.

REPRISE.

Point de quartier, etc.

Vers la fin du morceau, Dromadairos veut embrasser Paquerette malgré elle, mais Feuilleté lui jette une énorme boulette à la tête.

DROMADAIROS.

Qu'est-ce à dire! mademoiselle me jette des boulettes... oh! c'est trop fort! je vais trouver Violentine, et nous emploierons d'autres moyens pour vous forcer à obéir.

Il sort par le fond.

SCÈNE VIII.

PAQUERETTE, FEUILLETÉ.

FEUILLETÉ, *sortant du pâté et courant à Paquerette.*

Va, va chercher ta sœur, tes beaux-frères, et ton singe, qui est aussi de ta famille... nous nous moquons bien de toi!

LA CHOUETTE ET LA COLOMBE. 19

PAQUERETTE.
Que vois-je! Feuilleté!

FEUILLETÉ.
C'est le vieux Ganachini qui m'a lui-même apporté dans son palais... pour me rapprocher de toi, je me serais caché dans une tourte... dans un pot à confiture... dans je ne sais quel pot!

PAQUERETTE.
O mon petit Feuilleté! emmène-moi bien vite hors de ce château.

FEUILLETÉ.
Je ne demande pas mieux. On vient! cache-toi là derrière moi, car je n'ai pas le temps de rentrer dans ma croûte.

Paquerette se cache derrière Feuilleté; Violentine entre par le fond.

SCÈNE IX.
LES MÊMES, VIOLENTINE.

VIOLENTINE.
Mon frère ne sait pas s'y prendre avec cette petite paysanne... Je vais lui parler, moi.

FEUILLETÉ, *à part.*
La princesse!

VIOLENTINE, *l'apercevant sans voir son visage.*
Un mitron!

PAQUERETTE.
Nous sommes perdus!

VIOLENTINE.
Qui êtes-vous? que faites-vous dans mon boudoir, gâte-sauce?

FEUILLETÉ.
Madame, je suis garçon pâtissier... je suis un de ceux qui ont apporté ce pâté dans ce palais.

VIOLENTINE, *le regardant.*
Que vois-je! ces traits... je ne me trompe pas...

FEUILLETÉ, *à part.*
Qu'est-ce qu'elle a donc?

VIOLENTINE.
C'est lui!

PAQUERETTE, *bas à Feuilleté.*
Tiens! tu la connais!

FEUILLETÉ, *de même.*
Jamais!

VIOLENTINE, *à part.*
C'est lui que j'ai vu en rêve... la fée ne m'a pas trompé, il existe! (*Haut.*) Jeune patronet, vous vous nommez Feuilleté, n'est-il pas vrai?

PAQUERETTE, *de même.*
Comment! elle sait ton nom?

FEUILLETÉ, *de même.*
Elle l'aura deviné. (*Haut.*) Il est vrai, madame.

VIOLENTINE.
Écoutez-moi, Feuilleté... je m'intéresse à toi, je veux vous faire du bien. Que diriez-vous si je t'attachais à ma personne? si, au lieu de cette veste, tu avais un habit brodé?

FEUILLETÉ.
Je dirais que c'est une autre paire de manches.

PAQUERETTE, *à demi-voix.*
Oui, mais je dirais, moi, que je ne veux pas!

FEUILLETÉ, *de même, la retenant.*
Tais-toi donc... Ni moi non plus.

VIOLENTINE.
Air *de la Poupée.*

Je veux que tu me suiv's partout,
Même quand j' voudrais faire une lieue ;
Tu tiendras ma rob' par le bout;
Bref, tu seras mon porte-queue.

FEUILLETÉ, *à part.*
Porte-queue... Avec cet emploi
On peut aux gens fair' la grimace;
Car la princesse, je le voi,
Ne me r'gard'ra jamais en face.

VIOLENTINE.
Eh bien! que répondez-vous?

PAQUERETTE, *soufflant Feuilleté.*
Non.

FEUILLETÉ, *bas à Paquerette.*
Silence! faut pas la fâcher. (*Haut.*) Moi, madame, je porterai votre queue, je porterai tout ce que vous voudrez.

VIOLENTINE.
C'est bien! vous êtes mon page... Venez me baiser la main.

FEUILLETÉ, *à part.*
Eh ben! pourquoi donc faire?... c'est pas sa queue, ça.

PAQUERETTE, *bas.*
N'y va pas.

VIOLENTINE.
Eh bien! Feuilleté, entendez-vous? je te permets de me baiser ma main.

FEUILLETÉ, *à part.*
Quel diable d'emploi me destine-t-elle donc?

VIOLENTINE.
Feuilleté, prenez-vous mon bras pour une enseigne?

FEUILLETÉ.
Madame, vous êtes bien bonne... mais... c'est que...

PAQUERETTE, *se montrant.*
C'est que je m'y oppose, moi!

VIOLENTINE.
La paysanne!

PAQUERETTE.
Oui, oui, la paysanne, qui ne veut pas qu'on lui prenne son fiancé.

VIOLENTINE.
Impertinente, sortez!

PAQUERETTE, *prenant le bras de Feuilleté.*
Tout de suite.

FEUILLETÉ.
Et moi aussi.

VIOLENTINE, *leur barrant le passage.*
Comment! tous les deux!... Oh! non pas!... A moi, gardes, soldats, laquais, Bouriquet!

SCENE X.

Les Mêmes, GANACHINI, BOURIQUET, DROMADAIROS, Gardes.

VIOLENTINE.

Arrêtez ce petit drôle... il veut enlever Paquerette.

GANACHINI.

C'est mon pâtissier.

DROMADAIROS.

Et tu vas payer cher ton insolence. Une épée... une épée.

GANACHINI, *lui montrant la sienne sur la table.*

Voilà la mienne... elle est toute neuve... je ne m'en sers jamais.

DROMADAIROS, *prenant l'épée.*

Je vais la lui passer au travers du corps.

FEUILLETÉ.

Le plus souvent! Ah! ah! ah! (*Il rit en ouvrant la bouche, Dromadairos s'avance alors, et lui mettant l'épée dans la bouche, l'enfonce jusqu'à la garde; mais Feuilleté la mange.*) Eh bien! en avez-vous une autre?

GANACHINI.

Il mange des épées... il faut qu'il ait pris de la graine de moutarde.

DROMADAIROS.

Oh! c'est égal, il ne nous échappera pas.

FEUILLETÉ.

C'est ce que nous verrons.

On veut saisir Feuilleté, il se débat et finit par se précipiter dans le pâté, où il disparaît.

GANACHINI.

Dans mon pâté maintenant! c'est une mauvaise farce qu'il fait là.

VIOLENTINE.

Mettez ce pâté en pièces.

GANACHINI.

Non... je m'y oppose.

VIOLENTINE.

N'écoutez pas mon mari.

On démolit le pâté, qui se trouve vide.

GANACHINI.

Que vois-je! je ne vois rien. Qu'est devenu ce jeune drôle?

LA VOIX DE FEUILLETÉ.

Il s'est changé en colibri.

Un colibri sort des débris du pâté et s'envole.

TOUS.

Changé en colibri!

DROMADAIROS, *le montrant du doigt.*

Le voilà! Soldats, en joue... feu!

Les soldats tirent sur l'oiseau, mais les canons des fusils se redressent; il en sort une fusée, ce qui les entoure d'une pluie de feu. Ganachini, Bouriquet et les soldats se sauvent, Violentine et Dromadairos emmènent Paquerette. — Le théâtre change.

SCENE XI.

Une forêt, un bosquet de feuillage à droite. — On entend un air de chasse.

BOURIQUET, *entrant avec un fusil qu'il tient à l'envers et un panier de provisions.*

C'est bon, c'est bon... chassez le colibri si ça vous convient... moi, je ne m'en mêle pas. Évidemment ce pâtissier a plusieurs sorciers dans sa poche... je ne me risquerais pas à tirer sur lui, mon fusil me crèverait dans les mains. Tant pis pour ma cousine la princesse, si elle est amoureuse de lui, et si, lui, ne veut pas d'elle! Ça la vexe, au point qu'elle a juré de se venger... et que, dans sa fureur, elle vient de nous mettre tous sur pied, avec ordre de faire un massacre général de tous les colibris. (*La musique recommence.*) Ah! voici tous nos chasseurs.

SCENE XII.

BOURIQUET, GANACHINI, Gardes.

Ganachini a un casque et par-dessus un abat-jour vert comme les gens qui ont mal aux yeux; il tient une longue canardière à la main.

GANACHINI, *aux Gardes.*

AIR : *Tontaine, tonton.*

Si colibri vient à paraître,
Faites un feu de peloton.

TOUS.

Tonton, tonton, tontaine, tonton.

GANACHINI.

Il me tarde de voir le traître
Entre les mains d'un marmiton.

TOUS.

Tonton, tontaine, tonton.

GANACHINI.

Vous le servirez sur ma table
Avec un filet de mouton.

TOUS.

Tonton, tonton, tontaine, tonton.

GANACHINI.

Pour moi quel plaisir délectable
De le manger en mironton!
Tonton, tontaine, tonton.

LES GARDES.

Tonton, tontaine, tonton.

Ah! voici mon fidèle Bouriquet avec le panier de provisions; je vais m'arrêter ici. Vous, mes amis, continuez votre chasse... tuez sans miséricorde toutes les bêtes que vous rencontrerez.

BOURIQUET.

Toutes les bêtes!... Ah! mon Dieu! quelle boucherie!

GANACHINI.

C'est-à-dire, toutes les bêtes qui volent, tous

LA CHOUETTE ET LA COLOMBE.

les oiseaux, et surtout les colibris; quand vous en verrez un, faites un feu de file.

BOURIQUET.
Vous avez dit tout-à-l'heure un feu de peloton.

GANACHINI.
Eh bien! imbécile, est-ce que ce n'est pas la même chose?... ils feront un feu de peloton de file.

BOURIQUET.
Ils vont tous s'en mêler.

Les gardes sortent en reprenant:
Si colibri vient à paraître,
Faisons un feu de peloton,
Tonton, tontaine, tonton.

SCÈNE XIII.
GANACHINI, BOURIQUET.

GANACHINI.
Ma foi, je suis déjà éreinté; moi, qui n'ai pas l'habitude de la chasse, l'exercice m'a donné un appétit et une soif d'enfer!... Heureusement je pense à tout; j'ai là-dedans deux bonnes bouteilles de Chypre et une excellente volaille froide.

BOURIQUET.
Eh bien! moi aussi j'ai une faim soignée; je vous tiendrai joliment compagnie, allez!

GANACHINI.
Qu'est-ce que c'est?... Comment, maroufle, tu crois que tu vas dîner avec ton prince, qui ne t'a pas invité?

BOURIQUET.
Dame, j'ai cru que vous alliez m'inviter.

GANACHINI.
Ce serait joli!... Et le décorum?... Allons, étale mes provisions sous ce feuillage, je serai fort bien là.

BOURIQUET, *à part, en prenant le panier.*
S'il pouvait s'étrangler à la seconde bouchée!

GANACHINI.
Je suis cependant fâché de n'avoir pas eu l'occasion de tirer ma poudre aux moineaux... Ah! si j'avais pu tuer ce damné colibri! (*On entend le gazouillement d'un oiseau; Ganachini, qui se disposait à s'asseoir, s'arrête.*) Tiens, il est là, je le vois, c'est un colibri.

On aperçoit un petit oiseau sur le bosquet.

BOURIQUET.
C'est, ma foi, vrai, et il ne bouge pas.

GANACHINI.
Il est posé, je puis le tuer presque à bout portant; voilà le cas de montrer mon adresse. (*Il prend son fusil.*) Mon fusil est chargé, s'il m'échappe il sera bien malin.

BOURIQUET.
Visez-le au bec, ça rabattra son caquet.

GANACHINI.
Je le vois au bout de mon fusil... tirons!

Ganachini tient l'oiseau en joue; au moment où il va tirer, son fusil se change en une grande seringue d'où sort un jet d'eau qui arrose Bouriquet, et l'oiseau disparaît.

BOURIQUET.
Eh bèn! c'est agréable... Avec quoi diable aviez-vous donc chargé votre fusil?... c'est un ustensile de ménage ça.

GANACHINI.
Je suis pourtant certain que c'était un fusil avant ce qui vient d'arriver.

BOURIQUET.
Avant, oui... mais postérieurement...

LA FÉE COLOMBE, *paraissant au fond du bosquet.*
C'est pour t'apprendre à vouloir tuer mon protégé; tu resteras dans cette position jusqu'à ce que Feuilleté soit en sûreté, et pour apaiser ta faim et ta soif, il faudra qu'un autre veuille bien manger et boire pour toi.

Elle le touche de sa baguette, Ganachini reste dans la même position et immobile.

GANACHINI.
Ah! mon Dieu! je m'engourdis partout!

LA COLOMBE.
Tu resteras ainsi tant que je ne t'aurai pas envoyé le messager qui doit appliquer le remède sur le mal.

Elle disparaît dans le feuillage.

GANACHINI.
Ah! mon Dieu! que vais-je devenir?... être pris comme une gelée au rhum!... ne pouvoir bouger quand je me meurs de faim!...

BOURIQUET.
Tiens, et moi aussi j'ai faim! (*regardant le déjeuner*) la différence, c'est que, si vous vouliez, je remuerais joliment de la mâchoire.

GANACHINI, *vivement.*
Je te le défends, entends-tu bien?... je te le défends.

BOURIQUET.
Suffit, majesté, on se serrera le ventre.

GANACHINI, *à part.*
Et cependant, je meurs de besoin... et je m'en souviens, la fée a dit que je pourrais faire manger quelqu'un pour moi; je ne me figure pas que ça puisse produire le même effet... pourtant si ça devait me restaurer...

BOURIQUET, *à part.*
Si je me sauvais avec le déjeuner, il ne pourrait pas courir après moi.

GANACHINI.
Bouriquet, tu as donc bien faim?

BOURIQUET.
Moi?... non, pas trop. (*A part.*) Faut pas avoir l'air, il se défierait de moi.

GANACHINI.
Comment! tu n'as pas faim?... il ne me manquait plus que ça!... Mon petit Bouriquet, je t'en prie, force-toi un peu, mange mon déjeuner.

BOURIQUET.
Que je mange?... mais vous me l'avez défendu!

GANACHINI.
J'ai eu tort... Fais-moi ce plaisir-là, mon garçon, mange-le pour moi.

BOURIQUET.

Pour vous?

GANACHINI.

Ça me fera du bien, la fée l'a dit.

BOURIQUET.

Oh! si ça peut vous obliger, je suis à vos ordres. (*Mordant dans une aile de volaille.*) C'est pour vous; trouvez-vous ça bon?

GANACHINI.

Très-bon; j'en voudrais encore.

BOURIQUET, *mangeant*.

Tenez, encore pour vous.

GANACHINI.

Je me sens un peu mieux, mais j'ai bien soif.

BOURIQUET.

Vous avez soif?... Que ne parliez-vous! je bois pour vous. (*Il boit.*) Comment trouvez-vous ce vin-là? il est chaud sur l'estomac, hein?

GANACHINI.

C'est un velours sur ma poitrine.

BOURIQUET, *buvant à même la bouteille*.

Pour moi à présent... pour vous... pour moi... pour vous...

GANACHINI.

Merci, merci, ça commence à bien faire.

BOURIQUET.

Déjà!... Oh! vous accepterez bien encore quelque chose?

GANACHINI.

Non, vrai, sans cérémonie!... je sens que j'en ai assez.

BOURIQUET.

Allons donc!... faites comme chez vous... Encore une bouteille.

Il prend une nouvelle bouteille et boit à même.

GANACHINI.

Mais quand je te dis assez!... tu vas me rendre malade... j'étouffe, arrête donc, bourreau!

Tout en parlant ainsi, Ganachini a commencé à gonfler d'une manière prodigieuse, sans cependant changer de position; son ventre est comme un tonneau.

BOURIQUET.

Ah! mon Dieu! qu'est-ce que je vois là?... mon maître va éclater... Au secours! au secours!

Il se sauve en criant.

GANACHINI.

Eh bien! il se sauve, il me laisse seul avec mon ventre!... Et je ne puis aller chercher un médecin!

SCÈNE XIV.

GANACHINI, GOGO, *entrant*.

GANACHINI, *apercevant Gogo*.

Quelqu'un!... Monsieur!... (*Gogo fait une gambade.*) Ah! mon Dieu! c'est Gogo, il ne me comprendra pas! (*Appelant.*) Gogo! ici, Gogo! (*Le singe accourt, puis à l'aspect du ventre énorme de Ganachini, il recule effrayé et montre les dents.*) Gogo, mon ami, n'aie pas peur! (*Le singe se rapproche tout doucement et semble le reconnaître.*) Ah! tu me reconnais?... Écoute, mon ami; tu vas aller me chercher un médecin, tu lui diras... (*Le singe se met à faire des culbutes et des gambades; il se couche par terre, lève la jambe et touche du pied le ventre de Ganachini.*) Oui, c'est là qu'est mon mal; c'est ce goulu de Bouriquet qui a trop bu de vin pour moi; voyons, Gogo, un bon mouvement. (*Le singe se relève tout d'un coup, tire son épée et la plonge dans le ventre de Ganachini; il en sort un énorme jet de vin. Gogo ôte son chapeau et reçoit le vin dedans, puis quand il est plein, il le dédouble et présente un second chapeau, puis un troisième, un quatrième, etc., etc., et Ganachini se dégonfle peu à peu et reprend son aspect ordinaire.*) Ah! merci, mon ami, merci, tu m'as rendu la vie en me perçant le flanc!... Que ne peux-tu me rendre aussi le mouvement! mais il faut attendre pour cela le messager de la fée Colombe... Ah! mon Dieu! qu'est-ce que je vois là? (*Un énorme coq sort de la coulisse à droite et traverse lentement le théâtre; à sa vue, Gogo s'est sauvé.*) Quelle volaille! grand Dieu! quelle volaille!... A quelle broche pourrait-on mettre ce poulet nouveau? (*Le coq s'est arrêté au milieu du théâtre, a pondu un gros œuf et a disparu par la gauche.*) Un œuf! Ah! le bel œuf! un seul suffirait pour une omelette au lard... Si j'avais un pain de quatre livres pour mouillette... (*Gogo, qui est rentré, s'est approché de l'œuf, autour duquel il fait quelques lazzis; puis il le touche, le fait rouler, et finit par le casser; il en sort un diablotin; Gogo se sauve, le diablotin saisit un bâton, court sur Ganachini, à qui il en administre cinq à six bons coups.*) Ah! ah! c'est le messager de la fée Colombe, c'est le remède qu'elle m'a promis... il est violent son remède... Ah! assez, assez, je suis guéri!

Il se sauve en courant, poursuivi par le diablotin, qui continue de le rosser. — Le théâtre change. — L'intérieur d'une tour servant de prison, une fenêtre grillée à droite, un tas de paille, un banc de pierre. Du pain, une cruche.

SCÈNE XV.

PAQUERETTE, *seule, vêtue d'une pauvre robe grise*.

Voilà donc où je vais passer ma vie; car on m'a dit que je ne sortirais d'ici que si je consentais à épouser le prince Dromadairos... Oh! non, j'aime mieux être prisonnière et rester fidèle à Feuilleté, quoiqu'il soit devenu oiseau... Pauvre Feuilleté, où est-il perché en ce moment? pourvu qu'il ne soit pas mis en cage... Quand je pense qu'avec un peu de glu on peut me prendre mon amant, ça me fait trembler.

Air: *Laveuses du couvent*.

Crains les chasseurs et crains l'orage;
On te mettrait en esclavage,

Et puis alors où te chercher ?
Ah ! ne va pas courir le monde ;
Près de la brune et de la blonde
Ne va pas surtout te percher. (bis.)
　Vole, vole ;
N'écoute pas douce parole
D'un sexe quelquefois frivole ;
　A nos amours,
　A nos tendres amours,
　Ah ! pense toujours.

Ah çà ! qu'est-ce que je vais donc faire ici pour m'amuser ?... ils ne m'ont rien donné pour me distraire... pas seulement un petit chat... Si je trouvais une souris, je lui ferais un collier avec ce ruban, et ça m'amuserait... Mais non, rien ! pas même un petit papillon, qui vienne voltiger autour de ma lanterne... Je vous demande à quoi ça me sert une lanterne ?... à éclairer ces grands vilains murs de prison... Ah ! mon Dieu ! qu'est-ce que c'est que ça ?

En se retournant, elle aperçoit la lanterne, qui a grandi, s'est ouverte, et de laquelle est sortie la fée Chouette.

SCENE XVI.

PAQUERETTE, LA CHOUETTE.

PAQUERETTE.
Une dame qui était dans ma lanterne !

LA CHOUETTE.
Ne craignez rien, ma chère Paquerette.

PAQUERETTE.
Comme elle a l'air aimable !... Mais, madame, comment donc teniez-vous dans cette lanterne quand elle était toute petite ?

LA CHOUETTE.
Je me fais aussi petite que je veux... je suis une fée.

PAQUERETTE.
Une fée !... je n'en avais jamais vu... Oh ! la jolie baguette d'or !... voulez-vous me la prêter ?

LA CHOUETTE.
C'est impossible.

Air : *Tourne, tourne.*
Par cette baguette magique
Je punis, ou fais des heureux ;
Grâce à son influence unique,
Les mortels font ce que je veux ;
L'incrédule en vain se détourne ;
Avec cette baguette-là,
En quelque endroit que l'on séjourne,
Je n'ai qu'à faire comme ça,
　Elle fait un geste avec sa baguette.
Soudain la tête tourne, tourne,
A mon pouvoir on cédera.

PAQUERETTE.
Oh ! si votre baguette a tant de pouvoir, vous devez gouverner le monde... cependant je crois que vous exagérez un peu votre puissance.

Même air.
S'il est un Dieu que l'on révère,
Chacun l'encense tour à tour ;
Celui qui gouverne la terre,
Entre nous, tenez, c'est l'amour.
En quelque endroit que l'on séjourne,
Toujours lui seul l'embellira ;
C'est encor vers lui que retourne
Chaque désir qu'on formera ;
Par lui la tête tourne, tourne
Et sans cesse elle tournera.

LA CHOUETTE, *à part.*
Mais, en vérité, je crois que cette petite fille voudrait lutter avec moi. (*Haut.*) Oui, ma chère amie, l'amour est un dieu bien puissant ; cependant il doit céder à des adversaires tels que moi. Ainsi, petite Paquerette, vous devez oublier votre pâtissier Feuilleté, parce que je puis vous prouver qu'avec lui vous serez très-malheureuse... tandis qu'en écoutant le prince Dromadairos, un sort brillant vous est réservé.

PAQUERETTE.
Oh ! je ne vous crois pas, madame ; c'est avec Feuilleté que je puis être heureuse !

LA CHOUETTE.
Et si je vous faisais lire dans l'avenir ?

PAQUERETTE.
Lire dans l'avenir... oh ! ce n'est pas possible, ça !

LA CHOUETTE.
Je vous ai dit que rien n'était impossible pour moi, et vous allez en juger.

La Chouette fait des conjurations, le théâtre devient sombre ; tout-à-coup elle frappe de sa baguette le fond à droite ; le fond s'ouvre et laisse voir l'intérieur d'une pauvre chaumière dont le toit est brisé ; la neige le couvre en partie, tout annonce la misère et le dénûment ; on voit Paquerette et Feuilleté couverts de haillons, couverts de neige, expirant de froid, de faim et de misère. La porte de la chaumière est enfoncée ; un ours affamé s'y précipite.

PAQUERETTE.
O mon Dieu ! quel affreux tableau !... quelle misère !

LA CHOUETTE.
C'est le sort qui t'attend si tu épouses Feuilleté ; mais avec le prince Dromadairos, au contraire.

Le tableau qu'on voyait se referme, et de l'autre côté le fond s'ouvre. On voit Paquerette dans un palais brillant, revêtue d'un costume éblouissant ; elle est entourée de pages, de suivantes, de valets, qui sont prosternés à ses pieds. Le prince Dromadairos lui offre des bijoux et de riches parures.

PAQUERETTE.
Oh ! le beau séjour !... les belles toilettes !... c'est magnifique tout cela.

LA CHOUETTE.
Eh bien ! ton choix est-il fait maintenant ?

PAQUERETTE.
Mon choix... oh ! oui... certainement, il est fait.

LA CHOUETTE.
Et tu préfères ?

PAQUERETTE.
Feuilleté... toujours Feuilleté... oui... la mi-

sère avec lui, plutôt que la richesse avec un autre.

LA CHOUETTE, à part.

Ah! si je n'étais pas fée, cette jeune fille me ferait donner au diable. (*A Paquerette.*) Adieu. Puisque tu t'obstines dans ta folle constance, tremble! tu éprouveras les effets de ma colère.

Elle se jette à travers une muraille et disparaît.

PAQUERETTE.

Allez, allez, madame la fée, vous avez beau vanter le pouvoir de votre baguette, mon amour sera plus fort que tous vos enchantemens. (*Le banc de pierre se développe en un joli bosquet de roses, d'où sort la fée Colombe.*) Ah! mon Dieu! encore une fée!

LA COLOMBE.

Oui, mais une fée protectrice, qui veille sur toi.

PAQUERETTE.

Cette voix... je ne me trompe pas! c'est celle de la bonne mère Berthe.

LA COLOMBE.

C'est celle de la fée Colombe, qui vient te dire: Courage! résiste à toutes les menaces comme à toutes les tentations, et tu reverras bientôt celui que tu aimes.

PAQUERETTE.

Mais pour le revoir il faudrait d'abord que je pusse sortir de cette vilaine prison.

LA COLOMBE.

Il suffit que lui-même puisse y entrer.

Elle touche de sa baguette les barreaux de la fenêtre, où Feuilleté vient de paraître; la grille s'abat et forme une échelle à l'aide de laquelle Feuilleté descend; puis la grille se relève; la fée Colombe monte dans une gloire qui est sortie de terre et disparaît.

SCENE XVII.

PAQUERETTE, FEUILLETÉ.

PAQUERETTE.

Que vois-je! Feuilleté!

FEUILLETÉ.

Ma petite Paquerette!

PAQUERETTE.

Tu n'es donc plus oiseau?

FEUILLETÉ.

Dam! il paraît que non.

PAQUERETTE.

Que je suis contente de te voir!... ah! si tu savais comme je m'ennuie dans cette prison!

FEUILLETÉ.

Au fait, ça n'est pas gai ici... et c'est comme cela qu'ils veulent te séduire?

PAQUERETTE.

Et pour nourriture... tiens... du pain.

FEUILLETÉ, *regardant*.

Et une cruche!... c'est difficile à digérer.

PAQUERETTE.

Aussi, depuis que je suis enfermée ici, je n'ai rien pris du tout!

FEUILLETÉ.

Et moi, depuis que j'ai été oiseau, je n'ai avalé que quelques grains de mouron!... ça n'est guère restaurant! encore... s'il y avait de la farine ici... je ferais de la pâte... une galette... mais rien... rien du tout.

A la place du banc s'élève une table élégamment servie; auprès sont deux escabeaux.

PAQUERETTE.

Ah! Feuilleté... vois donc ce qui nous arrive.

FEUILLETÉ.

Oh! le joli petit couvert!

PAQUERETTE.

La bonne fée Colombe est partie, mais elle ne nous abandonne pas.

FEUILLETÉ.

Oublions que nous sommes en prison.

PAQUERETTE.

Oh! moi, du moment que je suis avec toi, je n'ai plus de chagrin.

ENSEMBLE.

AIR : *Poule de Suzanne*.

Non, plus de chagrin ;
Ce joyeux festin
De notre constance
Est la récompense.

FEUILLETÉ.

Ah! se chagriner
N'est pas nécessaire,
Puisque ce dîner
Nous arriv', ma chère.
Pour que notre amour
Jamais ne finisse,
Buvons en ce jour
A not' protectrice.

REPRISE.

Non, plus de chagrin, etc.

PAQUERETTE.

A tes côtés je ne sens plus ma peine ;
En prison
On est triste, dit-on,
Mais près de moi quand l'amour te ramène,
Ah! mon cœur
Y connaît le bonheur.

REPRISE.

Après avoir chanté, ils vont continuer de manger, lorsqu'on entend du bruit au dehors.

FEUILLETÉ, *se levant*.

Ah! mon Dieu! qu'est-ce que j'entends?

PAQUERETTE, *de même*.

On monte l'escalier de la tour!... ce sont nos persécuteurs sans doute.

FEUILLETÉ.

Où me cacher? (*Le couvert disparaît de la table, et à la place, sur cette table, paraît un grand coffre.*) Merci, fée Colombe... Voilà mon affaire.

PAQUERETTE.

Moi, par ici... je ne veux pas les voir.

SCENE XVIII.

FEUILLETÉ et PAQUERETTE *cachés*, VIOLENTINE, GANACHINI, DEUX GARDES.

VIOLENTINE, *entrant la première.*
Venez, seigneur Ganachini... Mon Dieu! que vous êtes lent à monter cet escalier!

GANACHINI, *arrivant.*
Chère épouse, c'est ma courbature.

VIOLENTINE.
Comment! vous avez une courbature! où avez-vous attrapé ça?

GANACHINI.
A la chasse, bonne amie. (*A part.*) Ce diablotin tapait comme un sourd.

VIOLENTINE, *regardant autour d'elle.*
Eh ben! qu'est-ce que cela veut dire? comprenez-vous quelque chose à ceci?

GANACHINI.
A quoi, chère amie?

VIOLENTINE.
Comment! à quoi! Que sommes-nous venus faire dans cette tour?

GANACHINI.
Ma foi, je n'en sais rien... Vous m'avez dit : Montons à la tour... j'ai cru que M. Malberoug était mort!

VIOLENTINE.
Mais nous sommes venus ici pour voir la prisonnière, cette insolente paysanne que j'y avais fait enfermer... et elle n'y est plus, monsieur... elle n'y est plus!

GANACHINI.
C'est juste! elle n'y est plus du tout! Mais elle s'est donc sauvée par le trou de la serrure? on dit qu'il y a des gens qui passent par le trou de la serrure.

FEUILLETÉ, *entr'ouvrant le couvercle et montrant sa tête.*
Ah! ah! vieille ganache, va!

GANACHINI.
Madame, vous me manquez de respect.

VIOLENTINE.
Qu'est-ce que c'est? oubliez-vous à qui vous parlez? c'est vous qui me devez le respect, à moi, sexe faible et timide... Tâchez de vous en souvenir, ou je tape.

FEUILLETÉ.
Mauvaise bête!

VIOLENTINE, *donnant un soufflet à son mari.*
Tenez, voilà pour vos sottises.

GANACHINI.
Aye!... Vous m'avez manqué, madame!

VIOLENTINE.
Je vais recommencer alors.

FEUILLETÉ, *se montrant.*
Le joli ménage!

GANACHINI *et* VIOLENTINE, *qui ont vu Feuilleté.*
Le pâtissier!

VIOLENTINE.
Gardes, ouvrez ce bahut, et tirez-en celui qui s'y cache. (*Le garde s'avance, tourne l'entrée du coffre vers le public et lève le couvercle; il n'y a personne dedans.*) Personne!

GANACHINI.
C'est inconcevable!

FEUILLETÉ, *se montrant.*
Salut la compagnie!

VIOLENTINE.
Il y est... on n'a pas bien cherché.

Les gardes recommencent; même jeu.

GANACHINI.
Encore personne!... on est peut-être invisible là-dedans. Attendez, chère amie, je vais y entrer, et puis vous regarderez après cela si j'y suis.

VIOLENTINE.
Voilà la première fois que vous avez une idée spirituelle.

GANACHINI.
C'est que je pensais à autre chose. (*Il monte sur un tabouret et entre dans le coffre; à peine le couvercle est il refermé sur lui, qu'on entend des cri dans le coffre.*) A moi! au secours! à la garde!...

VIOLENTINE.
Mon mari appelle du secours... il a surpris le pâtissier. Ouvrez vite. (*Le Garde ouvre le bahut; on voit Ganachini et Feuilleté se battant; puis le couvercle se referme. Aux Gardes.*) Eh bien! vous le refermez! ouvrez donc!

LE GARDE, *essayant.*
Impossible!

VIOLENTINE.
Comment! impossible! (*Criant près du coffre.*) Seigneur Ganachini, ouvrez le coffre.

GANACHINI, *d'une voix étouffée.*
Je ne peux pas, le pâtissier m'étrangle!

VIOLENTINE, *de même.*
C'est bien! ne le lâchez pas, je vais faire enfoncer ce coffre.

GANACHINI.
Non, non, c'est inutile. (*Le coffre s'ouvre, Ganachini en sort.*) Me voici!

VIOLENTINE.
Et le pâtissier?

GANACHINI.
Ah! quelle râclée il m'a donnée!

VIOLENTINE.
Où est-il?

GANACHINI.
Il s'est sauvé.

VIOLENTINE.
Sauvé! c'est impossible!

Elle regarde dans le coffre; en ce moment Feuilleté paraît du côté opposé à la fenêtre en dehors, et les nargue à travers des barreaux.

GANACHINI, *l'apercevant.*
Le voilà! Courons!

Ganachini, Violentine et les deux Gardes sortent. Le théâtre change. Un site champêtre. Au fond une fontaine, puis un grand bassin; un banc de gazon.

SCENE XIX.

BLANCHISSEUSES, LA FÉE CHOUETTE, en blanchisseuse, *puis* **FEUILLETÉ.**

Les Blanchisseuses portent chacune un paquet de linge et un battoir.

CHOEUR DE BLANCHISSEUSES, *lavant leur linge au bassin.*

Il faut laver,
Lessiver ;
A la fontaine
Sans peine
On peut s'abreuver,
Se blanchir ;
Quel plaisir !
Chacun vient s'y divertir.

UNE BLANCHISSEUSE.

Oui, de cette eau l'on peut bien boire ;
Dedans n' faut pas tomber pourtant !
Car chaqu' personne en sort toute noire,
Tandis que l' linge en sort tout blanc.

CHOEUR.

Il faut laver, etc.

Elles remontent au fond, près du bassin ; Feuilleté entre sans les voir.

FEUILLETÉ.

Je me suis échappé des griffes de monseigneur et de sa femme... mais impossible de retrouver Paquerette. Oh! n'importe, je la reverrai tôt ou tard... ma bonne fée l'a dit, il suffit pour cela de lui rester fidèle, et pour être plus sûr de lui tenir mon serment, je ne veux plus même regarder les autres femmes... Je ne connais de femme que Paquerette; toutes les autres... (*En se retournant il se trouve en face des Blanchisseuses, qui sont descendues et lui font la révérence.*) Tiens, en v'là un régiment !

UNE BLANCHISSEUSE.

Bonjour, beau jeune homme !

FEUILLETÉ.

Bonjour. (*A part.*) Je les trouve très-laides avec leurs gros jupons, leurs gros battoirs, leurs pieds nus et leurs paquets de linge sale.

UNE BLANCHISSEUSE.

Est-ce que vous venez pour vous baigner dans le bassin de cette fontaine ?

FEUILLETÉ.

Oh! le plus souvent que j'irais me baigner dans ce bain !... on assure que quand on en sort on est horrible... on est tout racorni, tout fripé.

LA CHOUETTE.

Bah ! ce sont des contes, et la preuve, c'est que nous allons nous y baigner toutes.

FEUILLETÉ.

Ah ! je conçois qu'à vous particulièrement ça ne vous fasse pas grand'peur... la vieille : mais moi, j'ai encore un peu de fraîcheur à perdre.

Il veut s'éloigner.

LA CHOUETTE, *courant après lui.*

Mais écoutez donc, vous êtes ben pressé... est-ce que vous ne nous aiderez pas à entrer dans l'eau ?

FEUILLETÉ, *à part.*

Hein ! a-t-on vu c'te proposition !... ah ! ça qu'est-ce qu'il lui prend donc à c'te bisaïeule ? (*Haut.*) Je ne sais pas nager, et j'ai peur de l'eau... bonsoir !

Il s'éloigne d'elles.

LA CHOUETTE, *à part.*

Ah ! tu ne veux pas même nous regarder en face ?

Elle fait signe à ses compagnes, qui la suivent au bord de l'eau, dans laquelle la Chouette entre et disparaît un moment.

FEUILLETÉ, *à part, sur le devant de la scène.*

C'est pas que j'aie peur de me laisser séduire, au moins, car, parole d'honneur ! elles sont affreuses, et elles ne me tentent pas du tout, du tout... mais enfin j'ai juré de ne pas approcher une femme.

LA CHOUETTE, *dans l'eau.*

Au secours !... à moi !...

FEUILLETÉ, *se retournant.*

Hein ? qu'est-ce qu'il y a ?...

UNE BLANCHISSEUSE.

Au secours ! elle se noie !

FEUILLETÉ.

Ah ! mon Dieu ! la pauvre grand'mère qui boit un coup. (*Il court au bord du bassin ; au moment où il arrive, la Chouette disparaît, et toutes les blanchisseuses se changent en nymphes jeunes et belles.*) Qu'est-ce que je vois là !... fermons les yeux !...

CHOEUR DES NYMPHES, *qui entourent Feuilleté.*

AIR *d'une Vengeance.*

Pourquoi donc veux-tu nous fuir ?
Avec nous est le plaisir ;
De nos charmes
Tu t'alarmes,
Mais nous saurons te retenir.

UNE NYMPHE.

Avec nous dans cette onde
Pourquoi craindre de te plonger?
Cette eau n'est pas profonde ;
Viens, nous t'aprendrons à nager.

ENSEMBLE.

Pourquoi donc, etc.

Feuilleté cherche à fuir, les nymphes l'entourent en formant des danses, et cherchent à l'entraîner vers le bassin. Tout-à-coup Ganachini arrive par la droite ; Feuilleté le saisit, le jette au milieu des nymphes et se sauve.

SCENE XX.

GANACHINI, NYMPHES.

GANACHINI.

Tiens... tiens... tiens... qu'est-ce que c'est que toutes ces petites femmes-là ?... elles ont un costume qui me plaît singulièrement. (*Les nymphes s'éloignent de Ganachini.*) Eh bien ! mes petites poulettes, vous vous sauvez... est-ce que je vous fais peur ?... Vous dansiez, ce me semble ; mais j'aime beaucoup la danse, moi... je serai votre cavalier à toutes... oh! j'ai un jarret étonnant.

UNE NYMPHE.

Vous! danser avec nous!... vous êtes trop vieux! vous ne pourriez pas...

GANACHINI.

Je ne pourrais pas! c'est-à-dire que je vous défie de me lasser... fandango, boléro, catchucha... cancan... je vous provoque à toutes les danses.

UNE NYMPHE.

Eh bien! nous acceptons le défi!

Les Nymphes commencent des danses de différens caractères ; Ganachini s'efforce de les imiter ; il finit par danser le cancan avec plusieurs d'entre elles, puis va tomber épuisé de fatigue sur un banc de gazon.

GANACHINI.

Ah!... ouf... je n'en puis plus... ces dames ont une danse de caractère qui met sur les dents!... Ah! pour me délasser, je sens que je prendrais bien volontiers un bain.

LA NYMPHE.

Vous voulez vous baigner, seigneur? rien de plus facile.

Elles tournent autour de Ganachini ; le banc sur lequel il est assis se change en une baignoire dans laquelle il se trouve ; elles disparaissent.

GANACHINI.

Eh! mais... il paraît qu'avec ces demoiselles, on n'a qu'à désirer... Merci, bayadères, mer... Tiens! elles sont parties!... au fait, elles auront deviné que j'allais me mettre comme le poisson dans l'eau.

Il ôte dans la baignoire une partie de ses vêtemens.

BOURIQUET, *arrivant.*

Eh! je ne me trompe pas... c'est monseigneur qui prend un bain en plein air.

GANACHINI, *lui jetant ses habits.*

Tiens, Bouriquet, prends tout cela, je commence à être plus à mon aise.

BOURIQUET.

Ah çà! mais vos vêtemens sont tout mouillés... je vais aller les faire sécher au soleil... sur une perche.

Il sort par le fond avec les vêtemens. Deux robinets partent au-dessus de la tête de Ganachini et le couvrent d'eau.

GANACHINI.

Ah! mais une minute... je n'étais pas encore prêt... Je ne veux pas que l'eau me tombe sur la tête, elle est trop chaude... Je brûle... je vais être bon à manger au bleu... je suis déjà à moitié cuit. (*Sa tête disparaît un moment dans la baignoire; quand il la remontre, elle doit être extrêmement rouge.*) C'est pis qu'un bain de vapeur... il y a cent degrés... C'est fini, je suis au court bouillon.

Il disparaît entièrement.

SCENE XXI.

VIOLENTINE, DROMADAIROS, Écuyers.

CHOEUR.

Air : *C'est, dit-on, pour ma fête.* (Debardeur.)

Il faut par mer et par terre
Poursuivre nos fugitifs;
Bientôt nous pourrons, j'espère,
Les retrouver morts ou vifs.

Pendant le chœur, les domestiques dressent une table pour mettre le couvert.

DROMADAIROS.

Je suis fatigué de courir après cette petite paysanne...

VIOLENTINE.

Et ce saligot de pâtissier... Qu'on nous serve la collation... ici, sous ces ombrages.

UN GARDE, *qui s'est approché de la baignoire.*

Si madame aime le homard, il y en a là un magnifique.

VIOLENTINE.

Servez-le, nous le mettrons en salade.

On place sur la table Ganachini changé en homard.

DROMADAIROS.

Ah! le beau poisson! je veux avoir le plaisir de le découper.

Air : *Pêcheur, parle bas!*

Sur la table, allons, qu'on le couche;
Je vais attaquer ce poisson,
D'honneur, l'eau m'en vient à la bouche.
Il fallait un fier hameçon !...
Vous allez juger mon adresse.
Vite, un coutelas ;
Je veux ici le mettre en pièce,
Je prends par le bas...
Le roi des mers ne m'échappera pas !...

Violentine découpe le homard, et commence à en manger avec Dromadairos, après en avoir distribué un membre à chaque personne de sa suite.

VIOLENTINE.

Ce homard-là est dur comme un âne... je suis sûre que c'est quelque vieux poisson mort de chagrin.

DROMADAIROS.

Il a un goût détestable... il sent le vieux bouc.

BOURIQUET, *accourant avec les habits.*

Voilà... voilà les habits bien séchés...

VIOLENTINE.

Tiens! c'est Bouriquet! Qu'est-ce que tu viens donc faire avec ces habits ?

BOURIQUET.

Je les rapporte au seigneur Ganachini, que j'ai laissé se baignant, là, dans cette baignoire.

VIOLENTINE.

Dans cette baignoire!... Ah! mon Dieu! on n'y a trouvé que ce homard monstre que nous mangeons!

BOURIQUET.

Ce homard!... Ah! plus de doute, c'est mon maître!... c'est votre époux que vous mangez!

VIOLENTINE.

C'est donc ça que c'était si coriace!... mais heureusement que nous n'en avons mangé qu'un peu; nous allons rapprocher tous les morceaux.

On rapproche tous les morceaux de homard sur la table. Bientôt Ganachini se retrouve vivant.

GANACHINI.

Aïe! aïe! j'ai un rhume de cerveau.

VIOLENTINE.

Mon mari est recollé, il a éternué!

GANACHINI.

Bouriquet, embrasse-moi.

BOURIQUET.

Ah! vous m'étranglez!

GANACHINI.

La main, mes amis!... Ah! je suis moulu!

VIOLENTINE.

Portons-le dans cette maison à deux pas d'ici, il se remettra tout-à-fait. Venez-vous, Dromadairos?

DROMADAIROS, *regardant au fond.*

Eh! mais, cette jeune laitière qui s'avance, il me semble reconnaître en elle ma fugitive... Allez toujours; si c'est Paquerette, cette fois, elle ne m'échappera pas.

VIOLENTINE.

Je vais vous attendre en prenant de l'absinthe; je n'ai pourtant mangé qu'une patte de homard, c'est égal, la patte de mon mari me reste sur l'estomac.

REPRISE DU CHOEUR.

Il faut par mer et par terre, etc.

Violentine s'éloigne avec les écuyers; Dromadairos reste en scène et se tient un peu à l'écart pour laisser entrer Paquerette.

SCÈNE XXII.

PAQUERETTE, DROMADAIROS.

PAQUERETTE *en laitière, une petite cruche sur la tête.*

AIR : *Barcarolle d'Amédée.*

Prends bien garde, petite,
Me dit-on chaqu' matin;
Près d' la fontain' pass' vite,
N' t'arrête pas en chemin;
Plus d'une chose affreuse
Arriv' dans c't' endroit-là...
Moi, qui n' suis pas peureuse,
Je chante quand j' pass' par là,
Tra la, tra la la...

DROMADAIROS, *à part.*

O bonheur! c'est elle, c'est Paquerette! (*S'avançant.*) Écoutez donc, jeune laitière!

PAQUERETTE, *à part.*

C'est le seigneur Dromadairos; pourvu qu'il ne me reconnaisse pas! (*Haut.*) Monseigneur, ne me retenez pas.

Même air.

Près de cette fontaine
J' n' veux pas m'arrêter;
Ni laitière ni châtelaine

Ne doivent y rester;
Bientôt cette eau maudite
Nous ensorcellera;
La peur me prend tout d' suite,
J' n'ose plus chanter déjà...
Tra la, la, tra la la...

DROMADAIROS.

Je sais que l'on raconte des choses merveilleuses sur cette fontaine; c'est, dit-on, le séjour des fées, des génies; mais tes yeux, jolie laitière, ont plus de puissance que toutes les nymphes de ces eaux.

PAQUERETTE.

Monseigneur, laissez-moi, de grâce; vous allez me faire casser ma petite cruche.

DROMADAIROS.

Oh! je t'en donnerai dix autres, et bien plus belles, si tu veux m'écouter; car je suis riche, je puis faire ton bonheur.

PAQUERETTE, *se sauvant.*

Adieu, monseigneur.

DROMADAIROS, *la saisissant dans ses bras.*

Ah! petite Paquerette, vous espérez en vain m'échapper!

PAQUERETTE.

Il m'a reconnue!

DROMADAIROS.

Vous serez ma femme, c'est l'arrêt du destin.

PAQUERETTE.

Oh! le destin en a menti... car plutôt que d'être à vous, j'aimerais mieux me précipiter sur-le-champ dans les eaux de cette fontaine.

DROMADAIROS.

Y penses-tu?... ne connais-tu pas le pouvoir de ces eaux?... On n'en sort pas comme on y est entré... on y devient d'une laideur horrible, repoussante; j'y étais tombé étant enfant, c'est ce qui m'avait rendu comme tu m'as vu autrefois... et toi, Paquerette, toi, si séduisante, tu voudrais risquer ta beauté dans ces perfides eaux.

PAQUERETTE.

Oui, je le ferai... Oh! je vous le jure, si vous ne me laissez pas maîtresse de disposer de mon cœur, je me précipite dans ce bassin.

DROMADAIROS.

Je ne crois pas à tes menaces; tu seras à moi!

PAQUERETTE.

Jamais! jamais!

Paquerette se débat, se dégage, fuit Dromadairos, qui la poursuit, et se précipite dans le bassin de la fontaine.

DROMADAIROS.

Eh bien! je te suivrai partout!

Il se précipite aussi dans les eaux; bientôt on voit les eaux gagner du terrain, envahir le fond de la scène, puis la fontaine se transforme en un temple magnifique qui se trouve au milieu des eaux. Dans le temple on aperçoit la fée Colombe, près d'elle Paquerette; Feuilleté arrive sur le bord de l'eau et tend les bras à Paquerette.

FEUILLETÉ.

C'est elle!... c'est Paquerette!

LA COLOMBE.

Patience, fidélité, et vous serez bientôt réunis!

Paquerette tend les bras à Feuilleté; on aperçoit la tête de Dromadairos qui sort de l'eau; il est redevenu laid comme auparavant. Des naïades paraissent de tous côtés et se jouent dans les eaux.

ACTE TROISIEME.

On voit une place de village sur laquelle sont établis des boutiques, jeux, spectacle de marionnettes ; à gauche une auberge ayant pour enseigne : *Au Lapin éternel*; en avant un café-restaurant, de l'autre côté un confiseur. A droite une cage garnie d'une toile, sur laquelle on lit : *Spectacle extraordinaire, horreur de la nature, vue d'un monstre vivant d'une conformation inconnue jusqu'à ce jour.* Au milieu, au fond, une tente occupée par un marchand de vin.

SCENE PREMIERE.
FEUILLETÉ, PAYSANS.

Au lever du rideau, le tableau est animé comme à une foire. On voit des marionnettes jouer une scène; un paillasse appeler le monde ; les marchands vendent , les paysans achètent ou regardent. Feuilleté va et vient de l'un à l'autre, comme une autorité de l'endroit. Il est habillé moitié en charlatan, moitié en cuisinier ; il a un chapeau comme ceux des arlequins, auxquels, on fait prendre toutes les formes, et une barbe.

CHOEUR.
Air *des Huguenots*.

Chantons, rions, du village c'est la fête ;
Buvons, dansons, qu'à s'amuser l'on s'apprête!
Chantons, (*bis*) du village c'est la fête:
Tout au plaisir,
Il faut nous divertir.

FEUILLETÉ, *s'approchant de la cage de toile et frappant dessus avec son couteau de cuisine.*

Messieurs, mesdames, et généralement toutes les personnes de la société, n'importe son sexe ou sa profession, j'ai l'honneur de vous annoncer qu'ici dedans vous verrez un monstre, comme vous n'en avez jamais vu dans vos voyages, ni même au sein de votre famille|; j'ai été chercher celui-ci à deux mille lieues plus loin que le coucher du soleil ; il parle toutes les langues, mais son langage est inintelligible. Il se nourrit comme nous ; cependant offrez-lui des diamans, des perles, il ne les refusera pas... Il ne mord jamais quand on se tient hors de sa portée... Messieurs et dames, dans un quart d'heure ce sera le beau moment, on verra le monstre prendre ses alimens et satisfaire à tous les besoins de la nature.

LES PAYSANS.
Dans un quart d'heure!

REPRISE.
Chantons, rions, du village c'est la fête:
Il faut (*bis*) qu'à s'amuser l'on s'apprête:
Tout au plaisir,
Il faut nous divertir.

Les villageois se dispersent sur la place, autour des différentes boutiques.

FEUILLETÉ, *à l'avant-scène.*

Ça va joliment! quelle heureuse idée j'ai eue de repêcher le prince Dromadairos dans le bassin de la fontaine où il était redevenu laid comme autrefois ! je l'ai lié, garrotté, je l'ai mis dans une cage après l'avoir affublé d'une vieille peau de tigre... et le montre comme une curiosité... Ah! que je serais heureux si je retrouvais Paquerette! (*On entend des fanfares et des trompettes.*) Oh! oh! je crois que j'entends des flûtes à l'oignon... Qu'est-ce qu'il y a donc de nouveau ?

UN PAYSAN, *accourant.*

C'est le seigneur Ganachini et sa femme qui passent dans le village et vont s'arrêter à not' foire.

FEUILLETÉ.

Le prince et sa femme! j'ai bien fait de déguiser leur frère Dromadairos, et de mettre une vieille barbe de sapeur... Ils ne nous reconnaîtront pas, et je tâcherai d'apprendre des nouvelles de Paquerette.

SCENE II.
FEUILLETÉ, GANACHINI, VIOLENTINE, BOURIQUET, PAYSANS, GARDES.

Ganachini est en habit de voyage ; il a une épée, une canne, un parapluie, une chaufferette sous un bras et un manchon devant lui. Violentine a un casque et une cotte de mailles. Bouriquet a des bottes de postillon et une seringue sous le bras.

CHOEUR.
Air : *Galop de Malbroug*.

Ah ! pour nous quel jour de bonheur !
Quel honneur !
Notre prince vient faire en ces lieux
Des heureux.

GANACHINI, *aux paysans.*

Mes amis, je suis sensible
A ce que vous dites tous,
Et je ferai mon possible
Pour être très-bien chez vous.
Par goût jamais je ne donne;
Mais pour combler votre espoir,
De ne refuser personne
Je me suis fait un devoir.

REPRISE DU CHOEUR.

GANACHINI.

Oui, ma chère épouse, c'est entendu, le but de notre voyage est de chercher à retrouver la petite Paquerette et votre frère Dromadairos.

VIOLENTINE, *regardant la cage entoilée.*
Que fait-on voir dans ce spectacle?
FEUILLETÉ.
Princesse, c'est un monstre épouvantable, hideux, que j'ai rapporté de mes voyages.
VIOLENTINE.
Mon mari sait que j'aime beaucoup les monstres.
GANACHINI.
Voilà deux fois qu'elle dit cela en me regardant.
VIOLENTINE.
Vous nous ferez voir le vôtre quand nous aurons dîné.
GANACHINI.
Oui, pour notre dessert.
FEUILLETÉ.
Je dois prévenir madame que le monstre est fort méchant; ce matin, il a mordu le nez à plusieurs individus.
GANACAINI.
S'il mord, je ne veux pas le voir.
VIOLENTINE.
Ah! écoutez, maire, à votre fête, je veux aussi couronner une rosière. (*A part.*) La fée Chouette m'a dit que ce serait un bon moyen pour retrouver Paquerette.
GANACHINI.
J'aime beaucoup les rosières, moi, et partout où je passe, ces imbéciles de paysans me disent qu'ils n'en font plus, que ce n'est pas la saison.
FEUILLETÉ, *à part.*
Où diable trouver une rosière?... ces paysannes sont si menteuses!
GANACHINI.
En attendant, faites-nous servir à dîner... ensuite nous daignerons assister à votre fête.
LES PAYSANS.
Vive monseigneur!
REPRISE DU CHOEUR.
Ah! pour nous quel jour de bonheur, etc., etc.

Les paysans sortent de différens côtés. Violentine, conduite par Feuilleté, entre dans l'auberge. Ganachini reste le dernier, paraît hésiter à entrer. Bouriquet revient tout essoufflé.

~~~~~~~~~~~~~~~~~~~~~~~~~~~~~~~~~~~

SCÈNE III.
GANACHINI, *puis* BOURIQUET.

BOURIQUET.
Vous ne venez pas, seigneur?
GANACHINI.
Non, j'aime mieux que ma femme se mette à table sans moi... elle ne me laisse jamais manger à ma faim! Il y a là-bas un petit marchand de vin très-propre... je vas te payer à boire un petit canon.
BOURIQUET.
Au fait, j'ai besoin de me rafraîchir.

Ils se dirigent vers le marchand de vin du fond; mais la boutique disparaît et l'on voit à la place un tonneau traîné par un porteur d'eau.

GANACHINI.
Eh bien! est-ce que j'ai la berlue?... le vin se change en eau!... Heureusement, voici un restaurant.
BOURIQUET.
C'est ça, faisons nous des bosses!
GANACHINI.
Qu'est-ce que c'est que des bosses? ce drôle devient d'une familiarité. (*Il va pour entrer au café, qui devient une boutique de gants.*) Garçon!...
BOURIQUET.
Tiens! v'là que vous allez chez un marchand de gants nous faire servir à dîner...
GANACHINI.
C'est, ma foi, vrai... c'est un marchand de gants, et je n'en porte jamais, c'est trop cher... fi donc!... c'est bon pour des goujats. (*Il va s'éloigner, plusieurs gants pendus au dehors de la boutique lui donnent des claques. Se sauvant.*) Qu'est-ce que ça signifie?...
BOURIQUET.
C'est le vent.
GANACHINI.
Tu crois?... c'est possible... Entrons chez ce confiseur là-bas... vois-tu Bouriquet... à l'enseigne du Bras d'or... Ses dragées ont fort bonne mine. (*Ganachini va pour entrer chez le confiseur; quand il est contre la porte, le bras qui sert d'enseigne lui donne un coup par derrière. Se retournant et ne voyant que Bouriquet derrière lui.*) Bouriquet, je n'aime pas ce genre de plaisanterie.
BOURIQUET.
Moi? je n'ai rien dit, je n'ai pas bougé.
GANACHINI.
Suffit, ne recommence pas!...

Il va pour entrer, même jeu de l'enseigne. Ganachini se retourne et donne un coup de pied au derrière de Bouriquet.

BOURIQUET.
Mais qu'est-ce qui vous arrive donc?
GANACHINI.
Cela t'apprendra à me désobéir... Entrons chez le confiseur.

La boutique du confiseur devient celle d'un marchand de sabots.

BOURIQUET.
Eh ben! elles sont gentilles les dragées?
GANACHINI.
Ah çà! mais si on croit que je trouverai ça beau, on se trompe... c'est infiniment ridicule... (*Tous les sabots s'agitent, et deux d'entre eux donnent des coups dans le derrière à Ganachini. Ganachini, furieux, se retourne vers Bouriquet.*) Comment, polisson! comment, mal appris, vous osez lever le pied derrière votre prince!... je vous apprendrai, moi...

Il tombe sur lui à grands coups de pied. Bouriquet se sauve. Ganachini le poursuit en lui prodiguant les coups de pied.

SCÈNE IV.

PAQUERETTE, puis **FEUILLETÉ.**

Paquerette arrive du côté opposé, en petite paysanne coquette ; elle a sur la tête une toque à laquelle est attachée une plume de colombe ; elle porte sur son dos comme une lanterne magique, et la dépose en entrant dans un coin.

PAQUERETTE.

Air : *Mire dans mes yeux.*

Voyageant de ville en ville,
Je montre la vérité ;
Mon miroir est fort utile,
Souvent il est consulté;
Redoutable à la coquette,
A qui trahit son devoir.
Regarde dans mon miroir,
  Aimable fillette;
Regarde dans mon miroir,
Tu pourras te voir.
Viens, viens, gentille brunette,
Viens viens, tu pourras te voir.

FEUILLETÉ, *qui est sorti de son auberge vers la fin du couplet.*

Tiens !... elle est gentille, cette petite.

PAQUERETTE, *à part.*

C'est Feuilleté ! et il ne me reconnaît pas ! Oh ! la bonne fée Colombe m'avait bien dit que cette plume me rendrait méconnaissable !... (*Allant à lui.*) Monsieur, voulez-vous voir ma curiosité?

FEUILLETÉ.

Non, ma belle enfant, non, je n'ai que faire de ta curiosité...

PAQUERETTE.

Et moi... tenez, ne voulez-vous plus me regarder?

Elle ôte sa plume.

FEUILLETÉ.

Que vois-je ! mais c'est Paquerette! ma fiancée!...

PAQUERETTE.

Oui, c'est moi, à qui la fée notre protectrice a donné cette plume... tant qu'elle est sur ma tête, je suis méconnaissable... et puis, avec mon talisman, on connaît les amans fidèles, et c'est par lui que j'espérais te retrouver.

FEUILLETÉ.

Mais apprends notre guignon... le seigneur Ganachini et sa femme sont-là... dans mon auberge.

PAQUERETTE.

Peu m'importe avec ma plume je ne les crains pas !

FEUILLETÉ.

Mais Ganachini veut que je lui trouve une rosière, et je ne sais comment la découvrir... Enfin, je sais faire du vin de Champagne, de la gelée de pomme de Rouen, et je ne peux pas découvrir une rosière.

PAQUERETTE.

Rassure-toi ; avec mon miroir je lis dans le cœur de toutes les personnes qui se mirent dedans.

FEUILLETÉ.

Bravo ! comme ça nous devons trouver la rosière demandée. J'entends les époux Ganachini... remets ta plume ! Et vous, villageois, marchands, sauteurs, à votre affaire ! Vingt-quatre sous d'amende pour celui qui n'amusera pas monseigneur.

SCÈNE V.

LES MÊMES, GANACHINI, VIOLENTINE, BOURIQUET, VILLAGEOIS, SAUTEURS, PAILLASSES ; LA FÉE CHOUETTE, *toujours en vieille blanchisseuse.*

Pendant le chœur, la chouette arrive et se mêle à tous les jeux, mais en observant toujours Paquerette.

CHŒUR.

Final de la Reine d'un jour.

Aux jeux, à la folie
Livrons-nous tour à tour,
Que la fête est jolie !
Célébrons ce beau jour.

PAQUERETTE, *à part.*

Tout ira bien, j'espère.

LA CHOUETTE, *à part.*

Ici règne un mystère.

PAQUERETTE, *à part.*

Grâce à la plume qui me protège,
Je puis m'amuser à leurs dépens.

LA CHOUETTE, *à part.*

Je découvrirai le sortilége
Qui cache en ces lieux nos deux amans.

CHŒUR.

Aux jeux, à la folie, etc., etc.

Pendant le chœur, Ganachini et Violentine sont sortis de l'auberge en regardant la fée. La Chouette disparaît dans la foule.

GANACHINI.

On paraît s'amuser beaucoup ici... Mais la rosière... je demande la rosière... En as tu trouvé beaucoup?

FEUILLETÉ.

Seigneur, afin que vous ayez vous-même la facilité de choisir la jeune fille qui mérite la rose, on va vous apporter un miroir magique. (*Faisant approcher Paquerette.*) Tiens, petite, avance toi-même, et viens expliquer ton spectacle à monseigneur.

GANACHINI.

Ah ! c'est cette jeune bachelette qui va nous montrer la marmotte. Allons, petite, apportenous ta curiosité. (*Ganachini et Violentine s'asseyent. Paquerette fait apporter par les paysans une glace que l'on met au milieu du théâtre.*) Voilà une très-belle glace. (*Il va se regarder.*) Eh bien! je ne me vois pas dedans.

PAQUERETTE.

Ah ! monseigneur, c'est qu'il y a une manière de se regarder.

GANACHINI.
Il faut peut-être fermer les yeux.

PAQUERETTE.
Asseyez-vous d'abord, et dites qui vous désirez qui approche.

GANACHINI.
Maire, où sont les jeunes filles qui aspirent à être rosières ?

FEUILLETÉ.
Elles y aspirent toutes, seigneur.

VIOLENTINE.
Faites-en avancer une. (*Une jeune paysanne s'avance.*) Faites-nous voir le cœur de cette villageoise, que nous sachions si elle mérite la rose.

Paquerette place la paysanne devant la glace sans pourtant la masquer. Elle lui fait lever le bras gauche, et aussitôt dans la glace on voit un cœur vert.

GANACHINI.
Un cœur vert !... Comment ! cette jeune fille a le cœur vert ! Elle est donc malade ?

PAQUERETTE.
Non, seigneur; cela signifie seulement qu'elle est ambitieuse, qu'elle espère un jour avoir des parures, des diamans, des cachemires, et qu'elle ferait tout pour cela.

GANACHINI.
Tout ! c'est beaucoup ! Ma chère enfant, j'en suis fâché, mais votre vertu ne me semble pas bien solide. Passons à une autre.

Le cœur disparaît. Une seconde paysanne est placée devant la glace; on voit paraître un cœur rouge.

VIOLENTINE.
Oh ! voilà un cœur bien rouge... il doit être tout en feu !

PAQUERETTE.
Vous l'avez dit, princesse, cela annonce un caractère brûlant, passionné.

GANACHINI.
Paysanne, j'en suis désolé, mais... « *Tu n'auras pas ma rose, car tu la rôtirais.* » A une autre.

VIOLENTINE.
Cette glace est peut-être menteuse, je veux en faire l'essai.

GANACHINI, *à part*.
Comment ! est-ce que mon épouse aurait aussi la prétention d'être rosière ?

PAQUERETTE.
Placez-vous, madame.

Violentine se place; on voit un cœur jaune.

GANACHINI.
Ah ! mon Dieu ! un cœur jaune !

PAQUERETTE.
Monseigneur, cela annonce...

GANACHINI.
Eh parbleu ! tout le monde sait bien ce que cela annonce.

VIOLENTINE.
On n'a pas besoin d'explication !

GANACHINI.
C'est juste, on n'a pas besoin d'explication. A mon tour, je veux voir, non pas mon cœur, je le connais parfaitement, j'ai le cœur sur la main; mais comme les peintres ne m'ont jamais fait ressemblant, c'est ma tête que je veux voir dans cette glace. Allons, je pose pour la tête. (*Il se place; on voit la tête d'un cerf. Tout le monde rit.*) Une tête de cerf !... Quelle horreur !

BOURIQUET.
C'est très-ressemblant.

LA CHOUETTE, *s'avançant*.
Vous n'avez pas trouvé de rosière... mais faites poser celle qui montre cette curiosité.

PAQUERETTE.
Moi ? mon Dieu, je le veux bien.

Elle pose ; on voit un cœur blanc.

GANACHINI.
Un cœur blanc !... Ah ! voilà la véritable !

VIOLENTINE.
Qu'est-ce qu'on disait donc !... qu'il n'y avait de rosière que Paquerette ?

LA CHOUETTE, *enlevant la plume de Paquerette*.
La reconnaissez-vous ?

TOUS.
Paquerette !

LA CHOUETTE.
Oui, c'est Paquerette. (*Arrachant la barbe à Feuilleté.*) Cet homme est son amoureux... et quant au monstre qu'il montrait dans cette cage...

DROMADAIROS, *écartant le rideau*.
Je suis Dro... Dro...

FEUILLETÉ, *courant à la cage et le frappant*.
Silence, Caressant.

Il referme le rideau.

GANACHINI.
Est-ce qu'il parle ?

FEUILLETÉ.
Non, il grogne, voilà tout.

LA CHOUETTE.
Regardez.

Elle va à la cage, qu'elle touche, et qui se change en un fourneau sur lequel sont placées plusieurs casseroles ; on voit le feu dessous.

GANACHINI, *enchanté*.
Un fourneau garni de ses casseroles !... Ah ! je vais donc enfin dîner !...

Il s'en approche ; tout-à-coup, du milieu du fourneau, s'élance Dromadairos dans sa peau de tigre. On recule avec effroi.

FEUILLETÉ, *aux paysans*.
Mes amis, on a mis le monstre en liberté; il va vous dévorer tous.

LES PAYSANS.
Il faut le tuer.

Dromadairos se sauve. Les paysans, armés de bâtons, le poursuivent. On le renverse à l'aide de fourches. On le tient étendu par terre; en même temps, d'autres approchent avec effort une grande dalle, et la laissent lourdement tomber sur le malheureux Dromadairos, quelle écrase.

LA CHOUETTE.
Malheureux, que faites-vous ! c'est le seigneur Dromadairos !

VIOLENTINE.

Mon frère!... Misérables, enlevez cette pierre.

On relève la pierre, sur laquelle on trouve imprimée toute la silhouette de Dromadairos. Quant à lui, il est étendu par terre, plat comme une feuille de papier. Tout le monde pousse un cri d'horreur.

LA CHOUETTE.

Ne vous désolez pas encore. Qu'on m'apporte un petit soufflet... je vais essayer de lui donner de l'air.

On apporte un énorme soufflet, qu'on approche de la bouche de Dromadairos. On voit son corps se gonfler peu à peu; puis il se dresse, se relève en sautant, jette au loin sa tête de lion, offre le bras à la Chouette, et sort suivi de tous les paysans, qui crient au prodige, et de Violentine, qui a donné l'ordre à ses gardes d'arrêter et d'entraîner Paquerette et Feuilleté. — Le théâtre change. — Une petite chambre du palais. Au fond, deux fenêtres, une à gauche donnant sur un précipice, l'autre donnant sur une chapelle. Porte de côté.

SCÈNE VI.

BOURIQUET, puis GANACHINI.

BOURIQUET, *à des domestiques qui apportent une table toute servie.*

Par ici; monseigneur désire qu'on mette son couvert dans cette pièce qu'on appelle le Belvéder, parce que de cette fenêtre on a une vue magnifique, on plonge... on plonge... (*il va regarder*) et puis un précipice au bas... Ah! j'ose pas regarder; ça me donne des vestiges!

GANACHINI, *entrant du côté opposé.*

Bouriquet, as-tu exécuté mes ordres?

BOURIQUET.

Tenez, voyez plutôt, est-ce que je v'là pas un repas à se donner une indigestion?

GANACHINI.

Ah! bravo, mon ami, très-bien!... Enfin, je vais donc pouvoir dîner; car tu remarqueras, Bouriquet, que depuis quelque temps je ne mange plus... tout le monde mange autour de moi, toi tout le premier; moi seul je reste à jeun... ça ne peut pas durer comme ça... Nous allons nous régaler.

BOURIQUET.

Ça va!

GANACHINI.

As-tu apporté tout ce que je voulais? Voyons. Un pâté de mauviettes; c'est bien... Bouriquet, je les mangerai toutes, je t'en préviens, j'adore les mauviettes... Ah! une croûte aux champignons; très-bien. Bouriquet, le plat est bien petit, je serai forcé de ne pas t'en laisser... Une gibelotte!... oh! c'est mon mets favori, je suis capable de l'avaler toute entière!

BOURIQUET, *à part.*

Eh ben! c'est gentil, si c'est comme ça que je me régale!

GANACHINI.

Quel est ce vin-là, Bouriquet?

BOURIQUET.

C'est du vin de Tonnerre... du vieux tonnerre!

GANACHINI.

Ça doit être chaud sur l'estomac. Est-ce que tu n'as pas monté de rhum, mon garçon?

BOURIQUET.

Non; est-ce que vous en vouliez?

GANACHINI.

Oui, d'autant plus que depuis quelques jours j'ai des maux de reins, et le rhumest, dit-on, très-bon pour chasser les maux de reins.

BOURIQUET.

Alors, c'est du romarin qu'il vous faudrait.

GANACHINI, *qui s'est mis à table.*

Voyons, voyons; par où vais-je commencer?... Si je mangeais de tout à la fois?... Non, l'un après l'autre vaudra mieux. Bouriquet, prends la bouteille, tu verseras.

BOURIQUET, *prenant la bouteille et un verre.*

Oui, je verserai... (*A part.*) Je m'en verserai d'abord.

GANACHINI.

Décidément je vais commencer par la croûte aux champignons, ça ouvre l'appétit. (*Il va pour se servir des champignons, il sort de l'assiette un énorme champignon qui se développe et prend la forme d'un parapluie.*) Eh bien! qu'est-ce que c'est que ça?

BOURIQUET.

Ça me fait l'effet d'un parasol.

GANACHINI.

Bouriquet, je ne t'avais pas demandé des champignons de cette grosseur-là... celui-là doit être vénéneux. A-t-on jamais vu apporter ça sur la table?... fi donc! on appelle ça des... des... choses de loup.

BOURIQUET.

N'en mangez pas, attaquez la gibelotte. (*A part.*) Moi, je vais attaquer le vin.

Ganachini coupe la croûte de dessus du pâté; il en sort un gros chat.

GANACHINI.

Une gibelotte de chat!... et de chat vivant!... Mais c'est une infamie! je suis volé! (*Il se retourne et voit Bouriquet qui se verse du vin.*) Eh bien! drôle, que fais-tu là?

BOURIQUET.

Je goûtais le tonnerre pour voir s'il n'était pas vénéneux comme les champignons.

GANACHINI.

Je le goûterai bien moi-même. Allons, verse, glouton!... Hum! Imbécile, qui m'apporte une gibelotte de chat! (*Bouriquet verse avec la même bouteille; il en sort de l'eau. Ganachini, regardant son verre qui est plein.*) De l'eau!... Comment, jobard! tu as apporté de l'eau pour mon dîner?

BOURIQUET.

Bah! laissez donc, je viens d'en boire; c'est du vin, et du bon!

GANACHINI.

Il y a de quoi perdre l'esprit. Voyons, verse

encore, brute; je vais prendre un autre verre... (*Bouriquet verse, il sort un jet de feu de la bouteille.*) Ah ! misérable ! arrête !... tu vas m'incendier à présent !

BOURIQUET.

Ah ! écoutez donc, je comprends... du vin de Tonnerre ça sort quelquefois en éclairs apparemment.

GANACHINI.

Allons, il ne me reste plus pour régal que mes mauviettes, que je mangerai sans boire, puisqu'il le faut. (*Il prend la brochette; les mauviettes sont des pierrots qui prennent leur volée. Se levant de table.*) Elles s'envolent, elles partent toutes rôties. Bouriquet, cours donc après!

BOURIQUET.

C'est pas la peine... elles sont rôties, elles ne peuvent pas aller bien loin.

GANACHINI.

C'est affreux !... c'est épouvantable !... encore un repas de soufflé !

SCÈNE VII.

LES MÊMES, VIOLENTINE.

VIOLENTINE.

Eh bien ! quel est ce tapage ?... Comment, seigneur, c'est encore vous qui mettez la table ici ! Mais il faut donc toujours que vous fricotiez ?

GANACHINI.

Ah ! vous appelez ça fricoter !

VIOLENTINE.

Taisez-vous ! (*Aux Domestiques.*) Qu'on enlève cette table. (*A Ganachini.*) Et vous, commencez par filer... je n'ai pas besoin...

GANACHINI, *exaspéré.*

Moi, je n'ai besoin que d'une chose, c'est de manger un morceau... Suis-moi, Bouriquet; je vais à la cave, à la cuisine; je m'y établis, et pour qu'un plat quelconque entre dans mon palais, il faudra qu'il me passe... par le ventre.

ENSEMBLE.

AIR : *Final de la Concierge.*

VIOLENTINE.

L'appétit le domine ;
Je ne veux pas qu'on dîne.
Je cours à la cuisine ;
    Comm' ça
    Tout vous pass'ra.

GANACHINI.

L'appétit me domine ;
Il faut bien que je dîne.
Courons à la cuisine ;
    Par là
        (*Montrant sa bouche.*)
    Tout passera.

BOURIQUET.

L'appétit le domine, etc., etc.

Ils sortent tous trois.

Le théâtre change. — Troisième tableau. — L'intérieur d'une grotte.

SCÈNE VIII.

LA FÉE CHOUETTE, FEUILLETÉ.

Feuilleté est endormi sur un morceau de roc ; la fée Chouette est déguisée en ermite.

LA CHOUETTE, *regardant Feuilleté.*

Il est évanoui... après la chute qu'il a faite en s'échappant par la fenêtre du palais Ganachini, si je ne l'avais pas soutenu en l'air, je crois qu'il ne s'en serait pas relevé... Ce n'est pas sa mort que je veux, c'est sa fidélité qu'il me faut vaincre.

Elle s'approche de Feuilleté et chante.

Ici daigne m'entendre,
Et que ma voix bien tendre
Te fasse enfin comprendre
    Mes feux
    Et mes vœux.
Une douce flamme
Brûle mon cœur ;
Je sens en mon âme
Sa vive ardeur.
Quand ma voix te presse,
Daigne en ce jour
Payer ma tendresse
D'un peu d'amour.

Feuilleté commence à revenir à lui ; elle dit la reprise en s'éloignant un peu.

FEUILLETÉ, *ouvrant les yeux.*

Où suis-je donc ?... je dois être mort, car je m'étais jeté dans un précipice.

LA CHOUETTE, *s'avançant.*

Grâce au ciel, mon frère, vous existez encore.

FEUILLETÉ.

Que vois-je !... un ermite... un vénérable ermite... Et comment se fait-il que je sois dans cette grotte ?

LA CHOUETTE.

Je vous ai vu tomber dans un précipice... j'ai volé à votre secours ; un baume merveilleux a guéri vos blessures.

FEUILLETÉ.

Puisque Paquerette est morte, qu'est-ce que vous voulez que je fasse au monde ?

LA CHOUETTE.

Croyez-moi, la vie peut encore avoir pour vous quelques charmes. Si vous n'avez pas d'asile, restez avec moi, mon fils.

FEUILLETÉ.

Que je me fasse ermite ?... mais je n'ai pas l'âge, mon vénérable père.

LA CHOUETTE.

Croyez-vous donc qu'il faille être vieux pour se résigner à la retraite ?... regardez-moi.

Elle ôte sa fausse barbe.

FEUILLETÉ.

Qu'est-ce que je vois là ! un ermite de vingt ans !

LA CHOUETTE ET LA COLOMBE.

LA CHOUETTE.
Oui, mon frère.

FEUILLETÉ.
Et vous habitez seul dans cette grotte ?

LA CHOUETTE.
Absolument seul.

FEUILLETÉ.
Et vous avez pour vivre ?...

LA CHOUETTE.
Des racines que je cueille aux environs, et l'eau du torrent voisin.

FEUILLETÉ.
Des racines et de l'eau... ça ne doit pas faire de bon bouillon.

LA CHOUETTE.
Est-ce que j'ai la figure d'une personne qui pâtit ?

FEUILLETÉ.
Ma foi non... je vous trouve fort bonne mine.

LA CHOUETTE.
Avez-vous besoin de quelque chose, mon frère ?

FEUILLETÉ.
Au fait, ma chute m'a creusé l'estomac... voulez-vous me passer la cruche, mon frère ?

LA CHOUETTE.
Attendez... pour les malades, j'ai quelque chose de meilleur que je tiens en réserve... l'eau vous ferait du mal. (*Elle lui donne une gourde d'osier.*) Buvez de ceci... buvez-en beaucoup... cela ne peut que vous faire du bien.

FEUILLETÉ, *après avoir goûté.*
Diable !... c'est au moins du cognac ça... et du très-vieux. (*Il boit.*) Si c'est là vot' boisson habituelle, mon cher frère, vous devez être quelquefois un peu pochard... Oh ! je sens une chaleur... c'est étonnant, je n'ai plus du tout envie de mourir.

LA CHOUETTE, *à part.*
Bravo !

FEUILLETÉ, *un peu étourdi.*
Mais dites-moi un peu, mon petit père... plus je vous regarde... et plus vous me faites l'effet d'un ermite de contrebande.

LA CHOUETTE.
N'avez-vous jamais entendu parler de la belle Margaritta... première chanteuse du grand théâtre de Madrid ?

FEUILLETÉ.
Le grand théâtre !... une première chanteuse... Il paraîtrait, cher frère, que nous ne sommes plus au prône.

LA CHOUETTE.
Margaritta, conduite par le hasard dans l'île des Lumières, y devint éperdument amoureuse d'un jeune artisan... d'un simple pâtissier.

FEUILLETÉ.
Je devine... ce pâtissier... c'est vous.

LA CHOUETTE.
Ce pâtissier s'appelle... Feuilleté.

FEUILLETÉ.
Hein ?

LA CHOUETTE.
Et je suis Margaritta, la chanteuse !

Elle jette sa robe d'ermite et paraît en élégant costume de danseuse espagnole.

FEUILLETÉ, *reculant effrayé.*
Ah ! mon Dieu !

LA CHOUETTE.
Tu vois bien que je ne t'ai pas menti, que tout est vrai dans mon récit... comme mon amour pour toi.

FEUILLETÉ.
Vous m'aimez ?

LA CHOUETTE.
C'est parce que je t'aime que je t'ai secouru... rendu à la vie quand tu allais mourir... et toi... voudrais-tu me laisser périr de ma douleur ?

FEUILLETÉ, *à part.*
Ah ! mon Dieu !... je fléchis, je faiblis...

ENSEMBLE.
Air :

LA CHOUETTE.
Il sent son cœur
Qui bat ; est-ce de peur ?
Auprès de moi,
Il sent un doux émoi ;
Ici je veux
Qu'un baiser plein de feux
Ait attesté
Son infidélité.

FEUILLETÉ.
Je sens mon cœur
Qui bat ; est-ce de peur ?
Oui, malgré moi
Je suis tout en émoi ;
Ici je veux
Pourtant braver ses yeux,
En vérité,
C'est d' la fidélité.

LA CHOUETTE, *s'approchant de Feuilleté.*
Pour calmer ma peine extrême,
Tu ne peux me refuser ;
De toi, dans ce moment même,
Je ne veux qu'un seul baiser.

FEUILLETÉ.
Un baiser, c'est peu de chose,
Et je n'y vois pas grand mal ;
Pourtant il m's'embl' que je n'ose,
Ou que ça me s'rait fatal.

LA CHOUETTE.
Allons... lorsque je t'en prie,
Tu devrais l'avoir déjà ;
Jamais à femme jolie
On ne refuse cela.

REPRISE DE L'ENSEMBLE.
Il sent son cœur, etc., etc.
Je sens mon cœur, etc., etc.

A la fin du morceau, la Chouette s'est tout-à-fait rapprochée de Feuilleté, qu'elle invite du regard ; celui-ci, qui paraît avoir la tête à peu près perdue, dit :

FEUILLETÉ, *à part.*
Elle est charmante... elle est enivrante !... il n'y a vraiment pas moyen de lui résister.

Il se penche pour l'embrasser ; en ce moment on entend la voix de Paquerette chanter :
> Être toujours fidèle,
> Il n'est pas d'autre talisman.

FEUILLETÉ, *s'arrêtant tout-à-coup.*

Qu'entends-je !... la voix de Paquerette... Oh! elle n'est pas encore perdue pour moi ! Arrière, ermite, chanteuse ou démon... qui que tu sois ! je n'embrasse pas... je n'embrasse pas.

Il se sauve en courant.

LA CHOUETTE, *seule.*

Il m'échappe... et c'est pour revoir Paquerette. Ah! c'est sur elle que retombera tout mon ressentiment ! Le délai fixé par notre reine est près d'expirer, je n'ai plus à moi que peu d'instans... c'est Paquerette que je vais attaquer... c'est par la terreur que je veux vaincre sa résistance ! Esprits du mal, démons hideux, puissances de l'enfer, c'est vous que ma voix appelle... accourez tous, venez seconder mes derniers efforts !

Elle sort. — Le théâtre change. — L'enfer.

CHOEUR DE DÉMONS.

AIR :

> Tra, la, la.
> La fête infernale
> Qui vient de s'ouvrir
> A la bacchanale
> Nous dit d'accourir.
> Chantons en cadence,
> Démons forcenés,
> La terrible danse
> Effroi des damnés.
> Tra, la, la.

On voit bientôt paraître, en haut d'un immense escalier, Paquerette entourée de démons qui tous obéissant aux ordres de la Chouette, cherchent à l'effrayer par leurs menaces et leurs cris terribles.

CHOEUR.

> Viens, viens chez Lucifer,
> Viens au fond de l'enfer. (*bis.*)
> Oui, nous te tourmenterons,
> Oui, nous te torturerons;
> Voilà ton sort, (*bis.*)
> La mort.

Un bruit terrible se fait entendre (coup de tam-tam). Musique sombre.

LA CHOUETTE.

Plus de fidélité.

Renonce à Feuilleté,
Sinon tu vas périr.

PAQUERETTE.

Eh bien ! fais-moi mourir !

UNE VOIX, *dans la coulisse.*

Arrêtez ! (*Le tonnerre gronde ; les lueurs rouges s'éteignent. Le théâtre est dans l'obscurité. Les démons, comme dominés par une puissance supérieure, s'éloignent de Paquerette, qu'ils entouraient en la menaçant. Pendant ce temps la voix continue.*) Respectez cette jeune fille ; ainsi le veut l'arrêt du destin ! et qu'au lieu d'être votre victime, elle reçoive le prix de sa fidélité !

Nouveau coup de tam-tam. Musique infernale et terrible. Tout l'enfer s'engloutit et disparaît, ainsi que les démons ; on aperçoit au milieu des nuages le palais des Oiseaux, étincelant de lumière. Au fond, sur son trône, la reine des fées, entourée de ses sujettes. A la droite en avant, le trône de la fée Colombe. A gauche et sur un plan inférieur, celui de la fée Chouette. Chacune des fées est sur son trône. Au pied du trône de la Colombe se trouve le trône de la Fidélité, devant lequel se tiennent Paquerette et Feuilleté entourés de leurs amis et parens. Au pied du trône de la Chouette sont Ganachini, Violentine, Dromadairos et Bouriquet. L'orchestre joue en sourdine l'air du Talisman.

LA COLOMBE, *à la Chouette.*

Eh bien ! ma sœur, ai-je tenu ma promesse?

LA CHOUETTE.

Ma sœur... je m'avoue vaincue.

LA COLOMBE.

Feuilleté, Paquerette, soyez heureux... et pour l'être toujours, soyez toujours fidèles.

PAQUERETTE *et* FEUILLETÉ.

Merci, bonne fée Colombe.

GANACHINI.

Vous entendez, chère amie... ne me faites jamais chouette, et nous vivrons heureux comme deux colombes.

VIOLENTINE.

Taisez-vous, vieux hibou.

CHOEUR.

> Rester toujours fidèle,
> Il n'est pas d'autre talisman.

Pendant la reprise du chœur, les gloires et les trônes sur lesquels sont assises les fées s'élèvent lentement vers le ciel, au milieu d'une pluie d'or. Les nuages, en quittant le sol, qu'ils touchaient, découvrent aux yeux la terre dans toute son immensité. — Tableau.

FIN.

PARIS. — IMPRIMERIE DE Ve DONDEY-DUPRÉ,
rue Saint-Louis, 46, au Marais.